युग-युग से तू ही

युग-युग से तू ही

अजय कांडर

अनुवाद

सुधाकर शेंडगे

वाणी प्रकाशन

प्रकाशन के उत्कृष्टतम 60 वर्ष

vaniprakashan.com

सजिल्द प्रथम संस्करण : 2024

वाणी प्रकाशन

4695, 21-ए, दरियागंज, नयी दिल्ली-110 002

फ़ोन : +91 11 23273167, 23275710

शाखाएँ

अशोक राजपथ, पटना-800 004, बिहार

कॉफ़ी हाउस कैम्पस, महात्मा गांधी मार्ग, इलाहाबाद-211 001, उत्तर प्रदेश

महात्मा गांधी अन्तरराष्ट्रीय हिन्दी विश्वविद्यालय, वर्धा-442 001, महाराष्ट्र

36/ए, शेक्सपियर सरणी, रानी बिरला गर्ल्स कॉलेज के पास, कोलकाता-700 017, प. बंगाल

sales@vaniprakashan.in
vaniprakashan@gmail.com

Yug-Yug Se Tu Hi

by Ajay Kandar

Translated by Sudhakar Shendge

ISBN : 978-93-5775-563-4
Poetry Collection

मूल्य : ₹ 325

आर. टेक ऑफ़सेट प्रिंटर्स, दिल्ली-110 032 में मुद्रित

वाणी प्रकाशन का लोगो मक़बूल फ़िदा हुसेन की कूची से

कवि का मंतव्य

बाबासाहब के विचार दूर-दूर तक पहुँचाने के लिए ही 'युग-युग से तू ही' लम्बी कविता का लेखन

कोई भी साहित्यिक रचना अभिव्यक्ति की आवश्यकता पर आधारित होती है। डॉ. बाबासाहब आम्बेडकर पर 'युग-युग से तू ही' शीर्षक से एक लम्बी कविता लिखते समय मुझे इसका दोबारा अहसास हुआ। लेखन व्यवस्था में एक हस्तक्षेप है और किसी भी हस्तक्षेप के जान-बूझकर होने की अधिक सम्भावना है। बदलती ज़िन्दगी की जटिलताओं के कारण आपकी मानसिक स्थिति भी बदल गयी है। आप विकल्प के रूप में लिखे, सभी मनुष्य एक हैं। मनुष्य में सारे भेद मनुष्य द्वारा ही पैदा किये गये हैं। जाति-धर्म, स्त्री-पुरुष भेद दिन-ब-दिन कम होते जा रहे हैं अर्थात पूरा समाज एकजुट रहे! लेकिन यह जानने वाला वर्ग छोटा है। यह छोटा वर्ग भी अब असमंजस की स्थिति में है। इसके अन्तर्विरोधों को समझना और उसी वर्ग के साथ अपने रिश्ते को मज़बूत करना ज़रूरी है। हम अकेले नहीं हैं। हम समाज के साथ रहते हैं। यदि हमें इस जीवन को और अधिक सार्थक बनाना है तो हमें विकल्प तलाशने होंगे। ये विकल्प किसी एक सीमा तक सीमित नहीं हैं। इसलिए समूह को स्वयं एक आवाज़ ढूँढ़नी होगी। 'युग-युग से तू ही' कविता को भी इसी आवाज़ के प्रतिनिधि के रूप में देखा जा सकता है।

किसी भी महापुरुष को एक जाति में सीमित नहीं किया जा सकता। सम्पूर्ण मानव जाति के कल्याण के लिए उनके विचारों की जड़ें समाज में गहराई तक जमाने की ज़रूरत है। यह काम समय-समय पर अलग-अलग लोगों को अलग-अलग रूपों में करना पड़ता है। कभी-कभी इसे वास्तविक आन्दोलन के माध्यम से करना पड़ता है, और कभी-कभी यह विभिन्न कला-लेखन के माध्यम से भी होता है। कविता साहित्य की दीर्घकालीन विधा है। इसलिए इसकी क़ीमत भी ज़्यादा है। बाबासाहब पर मराठी में बड़ी संख्या में कविताएँ लिखी गयी हैं। किसी भी जाति के लोग जो शोषित हो रहे हैं उनके लिए आम्बेडकर के विचार उसी रास्ते पर चलते हैं।

यह जानना महत्त्वपूर्ण है कि अतीत में यह कितना महत्त्वपूर्ण है और भविष्य में वही विचार रखना कितना महत्त्वपूर्ण है। उनके प्रत्यक्ष अनुकरण से सम्पूर्ण समाज को एक साथ कैसे खड़ा किया जा सकता है, यह विचार व्यक्त करना आज की आवश्यकता बन गयी है। नि:सन्देह, यह कार्य केवल कविता के माध्यम से ही नहीं, बल्कि कला की अन्य विधाओं के माध्यम से भी किया जाना चाहिए।

जब धर्म समाज पर हावी हो जाता है, तब दोनों तरफ़ के लोग अधिक उत्पीड़ित होते हैं। पहला वर्ग है आम आदमी। इसमें न केवल दलित वर्ग, बल्कि किसी भी जाति समूह का हाशिये पर पड़ा वर्ग भी शामिल है। यह जानने के लिए उसे यह भूल जाना चाहिए कि वह उच्च वर्ग का है और यह अहसास करते रहना चाहिए कि वह एक साधारण इन्सान है। उससे उन्हें यह अहसास होता है कि जहाँ हम अपने से निचले वर्ग का समर्थन कर रहे हैं, वहीं हमें सोच-समझकर अपना जीवन स्तर भी ऊँचा उठाना चाहिए। यदि किसी भी जाति के लोगों का जीवन विचार से समृद्ध करना हो तो बाबासाहब का विचार जगत एक अच्छा विकल्प है। दूसरी तरफ़ भारतीय महिलाएँ सोशिक हैं, इसलिए उन्हें देवी का रूप दिया गया। लेकिन यही बात उनका शोषण कराती है। हालाँकि बाबासाहब उन्हें महिला और पुरुष की समानता के आधार पर नहीं, बल्कि एक इन्सान के रूप में अधिकार देते हैं। समाज का कितना प्रतिशत यह स्वीकार करता है कि एक महिला, एक पुरुष है? इसकी जाँच करने से यह अन्दाज़ा लगाया जा सकता है कि बाबासाहब के महिला मुक्ति के विचार को लागू करने के लिए कितना काम करने की ज़रूरत है। महिला चाहे किसी भी समाज की हो, वह पुरुष से ज़्यादा एक इन्सान बनकर जीना चाहती है। उनका आचरण बाबासाहब के विचारों के अनुरूप है। हो सकता है, उन्हें इस बारे में कोई जानकारी न हो, लेकिन उनका व्यवहार जाति-धर्म से मुक्त है और उसका व्यवहार उसके बाद आने वाली पीढ़ी को प्रभावित करता है। आज ऐसी पीढ़ी का संगठन बढ़ना चाहिए। बाबासाहब के विचारों के गहन अध्ययन से पता चलता है कि बाबासाहब ने न केवल नारी मुक्ति की संरक्षकता स्वीकार की, बल्कि उन्होंने समाज के प्रत्येक तत्त्व को अभिव्यक्ति देने और उसकी स्वतन्त्रता को सुरक्षित रखने का विचार भी क़ायम रखा। दुर्भाग्य से जो लोग उनके बनाये संविधान को बदलने की कोशिश कर रहे हैं, उन्हें इसकी जानकारी नहीं है। फिर उन्हें यह अहसास कराना भी एक कलाकार के रूप में हर किसी का कर्तव्य है। किसी भी समय, धर्मसत्ता और राजनीतिक सत्ता एक-दूसरे के करीब आ रहे हैं। ऐसे समय में हम किसके पक्ष में हैं, यह महत्त्वपूर्ण हो जाता है। इसका मतलब है कि हम सभी बहुजन एक हैं। लेकिन जब हमारा देश,

हमारी ज़मीन हमारी अपनी है तो हम अपने बीच की इस बहुजातीयता को भूल गये हैं और बहुजातीय समूह में एक सुनियोजित वर्ग अभिजात वर्ग बनने लगा है। यही कारण है कि बहुसंख्यक वर्ग को यह अहसास ही नहीं है कि आज देश में कौन-सी संस्कृति थोपी जा रही है। न केवल अपना इतिहास जानना महत्त्वपूर्ण है, बल्कि वर्तमान में हम इन सबसे कैसे निपटेंगे, इसकी एक दृष्टि विकसित करना भी महत्त्वपूर्ण है। बहुजन वर्ग में समरसता को नष्ट करने तथा इस वर्ग को अस्थिर बनाये रखने की रणनीति पर विचार किया जाना चाहिए। इसके लिए सबसे पहले हमें अपने नस्लवादी, जातीय और धार्मिक दृष्टिकोण पर ध्यान देना होगा। एकमात्र समाधान यह महसूस करना है कि हम अनेक लोग हैं और समान रूप से सभी एक साथ हैं। साथ न मिल पाने के कारण बहुत मामूली हैं। कभी-कभी नेतृत्व का सवाल उठाया जाता है और हर कोई एक ही समय में नेतृत्व करने की होड़ में होता है। लेकिन यदि उद्‌देश्य एक ही हो तो नेतृत्व गौण हो जाता है। जब तक हम इस विचार पर नहीं आते, हम कई लोगों के बीच अकेले रहेंगे। इससे फिर से नयी साम्प्रदायिकता पैदा होगी। क्योंकि अलगाव की भावना साम्प्रदायिकता को जन्म देती है। लेकिन दुनिया में किसी भी सम्प्रदायवाद से धर्मनिरपेक्षता को ही ख़तरा है। इससे ही लोकतन्त्र ख़तरे में आता है। इसी जातिवादी प्रवृत्ति से ही एकाधिकार शाही निर्माण होती है। ऐसा लगता है कि आज हमारे देश में कोई दूसरी तस्वीर है ही नहीं। तब इस मानसिक दुविधा से मुक्ति पाने के लिए मुझ जैसे कवि ने मनुष्य को मनुष्य की दासता से मुक्त कराने के बाबासाहब आम्बेडकर के विचार को दूर-दूर तक पहुँचाने के लिए 'युग-युग से तू ही' जैसी लम्बी कविता लिखने के अलावा और क्या विकल्प है?

—अजय कांडर

कणकवली

जि. सिन्धुदुर्ग (महाराष्ट्र)

अनुवादक की ओर से

मराठी में लम्बी कविताएँ लिखने की एक लम्बी परम्परा है। कवि अजय कांडर से पहले भी कई कवियों ने इस दिशा में पहल की है। इसके पहले अनेक कवियों ने बाबासाहब डॉ. भीमराव आम्बेडकर को अपनी कविता का विषय बनाया है। परन्तु इस परम्परा में बिल्कुल नये अन्दाज़ में अत्यन्त सार्थक पहल करने वाले कवि का नाम है अजय कांडर। दरअसल, किसी महान व्यक्तित्व पर जब लम्बी कविता लिखी जाती है तो वह एक जीवनी के रूप में लिखी जाती है। लेकिन यहाँ अजय कांडर अन्य कवियों से बहुत आगे निकल जाते हैं। उनकी कविता डॉ. बाबासाहब आम्बेडकर की जीवनी को प्रस्तुत नहीं करती, बल्कि उनके जीवन कार्य के सम्बन्ध में एक स्वतन्त्र विचार एवं चेतना प्रस्तुत करती है। कवि के लिए उनके दूरदर्शी विचार अधिक मूल्यवान हैं और कवि वर्तमान समय के सन्दर्भ में उनके विचारों का मूल्य रेखांकित करता रहता है। आज डॉ. बाबासाहब आम्बेडकर को पूरे विश्व में 'सिंबल ऑफ़ नॉलेज' के नाम से जाना जाता है।

डॉ. आम्बेडकर ने अपने लम्बे अध्ययन, अपने गहरे चिन्तन और अपनी विचारधारा के माध्यम से मानवतावाद प्रस्तुत किया। 'भारतीय संविधान' उनके दूरदर्शी सोच का सर्वोच्च आविष्कार है। इनका मुख्य उद्देश्य मनुष्य को मानसिक ग़ुलामी से मुक्त कर समूची मानव जाति को समानता के सूत्र में बाँधना है। ग़ुलामी की जंज़ीरों में जकड़कर रखने वाले धार्मिक षड्यन्त्र को और देवत्व की मनगढन्त कल्पना को ही ख़ारिज करते हुए बाबासाहब ने समानता, भाईचारा और न्याय जैसे सार्वभौमिक मूल्यों पर आधारित मानवतावादी रुख अपना कर उसे बढ़ावा दिया है। समानता के सूत्र के आधार पर ही वे समताधिष्ठित मूल्यों का बीजारोपण करना चाहते हैं बल्कि पुरुष और महिला दोनों का समान अधिकार मानते हैं और उनका स्वतन्त्र अस्तित्व मानते हैं। वे प्रश्न उठाते हैं कि एक आदमी दूसरे आदमी का और एक समाज दूसरे समाज का शोषण कैसे कर सकता है। जन्म से कोई उच्च और

कोई निम्न कैसे हो सकता है। कर्म महत्त्वपूर्ण बनने के बजाय जाति और धर्म के आधार पर मनुष्य का मूल्यांकन किया जाता रहा है, जबकि ऐसा करना ही उनके मानवाधिकारों का हनन करना है। इसीलिए ही आम्बेडकर ने भारत के संविधान में मानवाधिकारों को ही सबसे अधिक महत्त्व दिया है। प्रस्तुत कविता इन्हीं महत्त्वपूर्ण बिंदुओं को लेकर बात करती है।

इस कविता की सबसे बड़ी विशेषता यह है कि यह लम्बी कविता 'युग-युग से तू ही' का मूल मराठी संस्करण 2019 में आया परन्तु प्रकाशन के पहले ही उसका पहला संस्करण बुकिंग के आधार पर समाप्त हो गया, दूसरा हाथों-हाथ बिक गया और अब तीसरा संस्करण चल रहा है।

इसका प्रकाशन ऐसे समय पर हुआ है जब देश में काफ़ी बदलाव आया है। कई चीज़ों के अर्थ बदल गये हैं। राजनीति में धर्म लाया गया है और पूँजीवाद तथा जनसंचार माध्यमों द्वारा संविधान विरोधी राजनीति के हथकण्डे अपनाये गये हैं। ऐसे बेचैन दौर में कवि अजय कांडर अपनी कविता के माध्यम से वर्तमान परिप्रेक्ष्य में बाबासाहब आम्बेडकर और उनके अमूल्य विचारों की प्रासंगिकता को अत्यन्त सार्थक शब्दों में अभिव्यक्त करते हैं। कवि को लगता है कि वर्तमान परिप्रेक्ष्य में जो जातिवादी मानसिकता तैयार की जा रही है, धर्म के आधार पर जोड़ने के बजाय तोड़ने का काम किया जा रहा है। मनुवादी और वर्ण व्यवस्था बढ़ावा दिया जा रहा है, जबकि इसका उत्तर है, भारतीय संविधान और डॉ. भीमराव आम्बेडकर। यह कविता आम्बेडकर की विचारधारा का ही गहरा चिन्तन है। कवि इस बात से वाक़िफ़ है कि इन विचारों के आग्रह से ही ग़ुलामी से मानव मुक्ति सम्भव है। इसीलिए कवि इस स्व-संवादात्मक और बहु-संवादात्मक विचार को कविता के माध्यम से प्रस्तुत करता रहता है। यह लम्बी कविता मुक्त छन्द और संवादी स्वर के माध्यम से आगे बढ़ती है।

कवि इस धारणा को भी अच्छी तरह से समझ गया है कि डॉ. आम्बेडकर की छवि को 'दलितों के नेता, दलितोद्धारक, दलितों के मुक्तिदाता के रूप में ही स्थापित करने की भरसक कोशिश की गयी है। यह धारणा कवि ग़लत साबित करता है। डॉ. आम्बेडकर द्वारा प्रदत्त संविधान केवल दलितों के हितों की बात नहीं करता बल्कि तमाम दलित, वंचित, पीड़ित, आदिवासी, किसान, मज़दूर, अल्पसंख्यक, स्त्री इन सबके हितों और उनके मानवाधिकारों की बात करता है। इसी सर्वसमावेशी और सार्वभौमिक विचार को कवि प्रस्तुत करता है। कवि को लगता है कि आम्बेडकर का यह सर्वसमावेशी और सार्वभौमिक विचार ही अधिक महत्त्वपूर्ण है।

रोटी, कपड़ा और मकान यह मनुष्य की मूलभूत आवश्यकताएँ हैं। परन्तु आज़ादी के अमृत महोत्सव तक आते-आते हम ये आम ज़रूरतें भी पूरी नहीं कर पायें।

रोटी तो छोड़ दीजिए अनेक लोगों को पीने का पानी नहीं मिल पाता। हिन्दी सिनेमा में एक बहुत सुन्दर गीत है, 'पानी रे पानी तेरा रंग कैसा, जिसमें मिला दो लगे उस जैसा...' लेकिन इस देश की वर्ण व्यवस्था ने 'पानी' का भी एक अलग ही रंग बताया है। क्योंकि इसे छूने से पानी का नहीं सवर्ण समाज का भी रंग बदल जाता था। डॉ. आम्बेडकर का यह मानना है कि पानी प्रकृति की देन है, इस पर किसी एक समाज का अधिकार कैसे हो सकता है। इसीलिए कवि आम्बेडकर के पानी के संघर्ष को पानी का नहीं समता का संघर्ष मानते हैं।

कवि कहता है, यह लड़ाई केवल पानी की नहीं थी। हमें मनुष्य क्यों नहीं माना जाता? हमें अछूत कहकर हमारा तिरस्कार क्यों किया जाता है? इस प्रकार के प्रश्न उठाते हुए, अपनी अस्मिता के लिए किया गया वह एक ऐतिहासिक आन्दोलन था। इसीलिए ही डॉ. आम्बेडकर ने मानवाधिकारों के लिए आजीवन संघर्ष किया। देश आज़ादी की लड़ाई लड़ रहा था, तब आम्बेडकर व्यक्ति स्वतन्त्रता की लड़ाई लड़ रहे थे। इस सम्बन्ध में कवि लिखता है—

...फिर आप और सिर्फ़ आप ही देश की
आज़ादी के लिए लड़ते हैं
मनुष्य की स्वतन्त्रता के लिए भी
तुम लड़ते रहे।

देश की आज़ादी की लड़ाई एक बार लड़नी पड़ती है, लेकिन मनुष्य की आज़ादी की लड़ाई बार-बार लड़नी पड़ती है। मूलतः ग़ुलाम को ग़ुलामी का अहसास कराना होता है, इस बात का अहसास कवि को होता रहता है। ग़ुलामी के बारे में यह मज़बूत जागरूकता कल की आत्म-जागरूकता और क्रान्ति का स्रोत हो सकती है। वर्तमान वास्तविकता में ग़ुलामी के बारे में जागरूकता की कमी अन्याय की एक शृंखला को जन्म देती है, ऐसा कवि का मानना है। यहाँ के बहुत-से उत्पीड़ित लोगों को यह पता नहीं था कि उनका दुख अस्पृश्यता, जातिगत असमानता में निहित है। आज भी नहीं है। यह कविता उन्हें इस बात से स्पष्ट रूप से अवगत कराने का काम करती है। बाबासाहब के विचार हमें अहसास दिलाते हैं कि व्यक्तिगत स्वतन्त्रता की लड़ाई किसी भी लड़ाई से बड़ी है।

एक व्यक्ति के लिए स्वतन्त्रता जितनी महत्त्वपूर्ण है, उतना ही ज़िम्मेदारी का अहसास भी व्यक्ति को होना आवश्यक है। डॉ. आम्बेडकर इस सम्बन्ध में लोगों में चेतना भरते रहें। कवि डॉ. आम्बेडकर के अनुयायी को सचेत करते हुए लिखते हैं—

"स्वतन्त्रता को जानने के लिए
पहले विचार की गहराई आनी होगी
गहराई के लिए
व्यक्ति को अज्ञानता और ज्ञान की भूख से छुटकारा पाना होगा
आपको पहले किताबें पढ़नी होंगी।"

डॉ. बाबासाहब आम्बेडकर के पुस्तक प्रेम और ज्ञान की प्यास को सारी दुनिया जानती है। कवि को लगता है कि बाबासाहब की ज्ञान की भूख से नयी पीढ़ी को प्रेरणा ग्रहण करनी चाहिए।

पुस्तक हमारा मस्तक समृद्ध करता है। जो अपनी प्रखर बुद्धि को समझ जाता है तो आपको भाग्य को अस्वीकार करना पड़ता है और वह अपने युग का महानायक बन जाता है—

"आप एकमात्र व्यक्ति हैं
जो लोगों के लिए लड़ रहे हैं,
इसलिए आप मैं बन गए युगों का नायक..."

ऐसी प्रशंसा कवि के मुख से सहजता से अभिव्यक्त होती है।

इस कविता का एक बहुत बड़ा हिस्सा महिलाओं के अस्तित्व पर चिन्तन से भरा हुआ है। पुराणों और परम्पराओं ने महिलाओं के भावनात्मक और विचार जगत को संकुचित कर दिया है। उसकी आज़ादी छीन ली गयी, अवसर खो गये। बिना किसी संघर्ष पुरुषों के समान दर्जा, अवसर, अधिकार दिलाने का अभूतपूर्व कार्य डॉ. आम्बेडकर ने संविधान के माध्यम से किया है। कवि ने इस आम्बेडकरी दृष्टिकोण को बहुत अलग ढंग से कविता में दर्ज किया है।

महिलाओं और दलितों का शोषण वर्णवादी व्यवस्था से प्रेरित था। बाबासाहब ने ऐसी ग़ुलामी से पीड़ित महिलाओं को आज़ादी दिलायी। प्रश्न उठाया गया कि क्या धर्म मनुष्य के लिए है या मनुष्य धर्म के लिए है। महिलाओं के सम्मान में भूमिका निभायी। इस कविता में कवि लिखता है,

"आपने कहा—
स्त्री को कभी भी अपने पति की दासी नहीं बनना चाहिए।
परिवार में समानता के रास्ते से ही
महिलाओं के लिए बाहर के रास्ते भी खुलते हैं।"

एक महिला में अपनी बराबरी को समृद्ध करने की संवेदनशीलता होती है। एक आदमी की मौत का दुख उसके दिल में आसानी से उतर जाता है। वह मृतक

की जाति या धर्म नहीं देखती। फिर भी हाल के दिनों में उनके साथ भेदभाव किया गया है। उसकी पराजयवादी मानसिकता को बढ़ाने, उसके आत्मविश्वास को कमज़ोर करने और उसकी वफ़ादारी को कमज़ोर करने के लिए एक अधिरचना का निर्माण किया जा रहा है। कवि लिखता है, 'वह केवल उपभोग्य वस्तु नहीं बननी चाहिए। आम्बेडकर के अनुसार सभी महिलाएँ भी हाशिये पर पड़े वर्ग का ही हिस्सा हैं।

इसीलिए उन्होंने उन्हें उनके अधिकारों, कर्तव्यों और ज़िम्मेदारियों के प्रति जागरूक किया। उन्हें शिक्षा का महत्त्व बताया।

सार्वजनिक क्षेत्र में काम करने वाली स्त्रियों को भी कई समस्याओं का सामना करना पड़ता है। उनके अधिकार और विशेषाधिकार छीन लिए जाते हैं। वह पुरुषों पर हावी नहीं होना चाहती, परन्तु एक महिला की केवल एक मामूली अपेक्षा होती है कि उसे एक पुरुष के बराबर एक इन्सान के रूप में स्वीकार किया जाये। कवि का मानना है कि जो महिलाएँ विभिन्न तरीक़ों से सत्ता के पदों पर पहुँची हैं, उन्हें बाबासाहब के उदार हृदय और दूरदर्शिता का महत्त्व नयी पीढ़ी तक पहुँचाना चाहिए। अनेक महिलाओं को इस बात का पता नहीं है कि हिन्दू कोड बिल के लिए ही आम्बेडकर ने अपने मन्त्री पद से इस्तीफ़ा दिया था। यह हिन्दू कोड बिल महिलाओं के अधिकारों की घोषणा थी। इस सम्बन्ध में कवि का गहरा चिन्तन यहाँ कविता में व्यक्त होता है। उनमें धर्म, जाति, शिक्षा, आर्थिक स्थिति के आधार पर भेद उत्पन्न किया जाता है लेकिन सभी वर्गों की महिलाओं की स्थिति एक जैसी है। वह व्यक्ति नहीं उपभोग्य वस्तु थी। बाबासाहब ने उसे मनुष्य ही नहीं बनाया, बल्कि उसे अपने हक़ और अधिकार प्रदान किये।

कविता के अगले चरण में बाबासाहब के कृषि सम्बन्धी चिन्तन को प्रस्तुत किया गया है। बाबासाहब ने कृषि भूमि के विखण्डन को अस्वीकार कर दिया था। कृषक कुलों को सामुदायिक खेती के साथ-साथ ज्ञान भी बढ़ाना चाहिए और कृषि की नयी तकनीकों को अपनाना चाहिए, ऐसा बाबासाहब को लगता था। यदि इस विचार पर अमल किया गया होता तो किसानों को मौत का सामना नहीं करना पड़ता।

भारत को बाबासाहब का कृषि विषयक दृष्टिकोण भी समझने की आवश्यकता है। बाबासाहब के संविधान ने ही दलित, वंचित, स्त्रियों को असली आज़ादी दी। बाबासाहब ने बार-बार कहा था कि लोकतन्त्र का भविष्य इस बात पर निर्भर करता है कि इसे लोग कैसे चलायेंगे। इसी कारण कवि वर्तमान यथार्थ से अत्यधिक व्यथित है। क्योंकि लोकतन्त्र का मखौल उड़ाना और संविधान को रौंदना आम बात हो गयी है। अखण्ड भारत के निर्माण के सपने को कुचल दिया जा रहा है।

अब एक ऐसी पीढ़ी पैदा हो गयी है जो बाबासाहब का नाम लेकर राजनीति कर रही है। जातीय संगठन बढ़ रहे हैं। आक्रामक होते जा रहे हैं। एक तरफ़ आम्बेडकरी सोच और दूसरी तरफ़ बुआ बाबा की छवि का दोहरा व्यवहार हर जगह दिखायी दे रहा है। कई लोगों के जीवन से विचार और कार्य ग़ायब हो गये हैं। फिर भी कवि को संविधान ही एक आशा की किरण नज़र आती है। उसे लगता है कि आम्बेडकर के दिखाये गये रास्ते को नहीं छोड़ना चाहिए। क्योंकि—

"तुम्हारे पास चलने का सुख
दूसरी दिशा ढूँढ़ने से भी नहीं मिला
क्योंकि तुम्हारे ही रास्ते पर मुझे
बुद्ध की करुणा, प्रेम, दया, क्षमा, शान्ति मिली!"

बाबासाहब के मार्ग पर चलना अन्ततः बुद्ध की असीम करुणा के बोधिवृक्ष के नीचे पहुँचना है। बेशक, ख़ुद को बेहतर बनाने के साथ-साथ इसे समझना भी उतना ही ज़रूरी है। कवि समकालीन समय के सन्दर्भ में बुद्ध-आम्बेडकर की अनिवार्यता को प्रस्तुत करता है। समय भयंकर गति से आगे बढ़ रहा है। शोषकों के गुणों का मधुर गान करने के दिन लद गये। कई लोग भेदभाव करने वालों के साथ बैठे हैं और इतने सीमित हिस्से पर काफ़ी ख़ुश हैं। बाबासाहब का दिया हुआ स्वाभिमान हमने खो दिया है, इस बात का कवि को बेहद दुख है। आज का सत्ता-लोलुप बहुजन व्यक्ति, जिसकी बुद्धि पंगु हो गयी है। आज ऐसा कोई अनुयायी नहीं बचा है जिस पर भरोसा किया जाये, फिर भी कवि का आशावाद ख़त्म नहीं होता। बाबासाहब के विचार और उनका व्यापक दृष्टिकोण कवि को अपनी ओर खींचता रहता है। उनका मानना है कि हमारे ख़ून में किसी जाति-धर्म का नहीं बल्कि इन्सानियत का झरना बहना चाहिए।

'युग-युग से तू ही' कविता किसी एक व्यक्ति के बारे में नहीं बल्कि सम्पूर्ण समाज के बारे में बात करती है। अजय कांडर की यह लम्बी कविता कथ्य और शिल्प की दृष्टि से एक विशिष्ट कविता है। इस कविता का पाठकों ने सहर्ष स्वागत किया है। अल्प समय में ही इसके तीन संस्करण और एक आलोचना ग्रन्थ इस बात के प्रमाण हैं। यह लम्बी कविता भारतीय साहित्य की नयी उपलब्धि है। इसे भारतीय स्तर पर पहुँचाने की दृष्टि से ही मैंने इस कविता का अनुवाद किया है। आशा है सुधी पाठक इसका स्वागत करेंगे।

—डॉ. सुधाकर शेंडगे
प्रोफेसर, हिन्दी विभाग
डॉ. बाबासाहेब आम्बेडकर मराठवाड़ा विश्वविद्यालय,
औरंगाबाद (महाराष्ट्र)

कविता संग्रह के पहले संस्करण की भूमिका
आपदा के समय की चिन्तनशील कविता

लम्बी कविता 'युगानुयुगे तूच' के माध्यम से अजय कांडर एक बार फिर मराठी कविता के क्षेत्र में प्रवेश कर रहे हैं। कवि को इतिहास और समकालीन समय की अच्छी समझ है। वह इस कविता को ऐसे समय में ला रहे हैं, जो घोर आपदा का है। भारतीय समाज एक अभूतपूर्व राजनीतिक-आर्थिक संकट के दौर से गुज़र रहा है।

इस संकट के चार चरण हैं :

एक : यह संकट भारत में पुरानी जाति सामन्ती व्यवस्था की क्षति से जमा हुआ है।

दो : वैश्वीकरण की प्रक्रिया के माध्यम से साम्राज्यवादी शक्तियों द्वारा भारतीय जनता को आर्थिक ग़रीबी की खाई में धकेल दिया गया है।

तीन : भारत की पितृसत्तात्मक जाति व्यवस्था का साथ न छोड़कर, नये साम्राज्यवाद से हाथ मिलाते हुए स्वयं के पुनरुत्थान की सम्भावनाओं को निरस्त होने से ख़ुद को बचाते हुए अपनी पुनर्शक्ति प्राप्त कर ली है।

चार : आधुनिक उदारवादी स्थान को शर्मिंदा करते हुए, फासीवाद ने सभी लोकतान्त्रिक मूल्यों, संस्थानों, संरचनाओं और प्रक्रियाओं का पुनर्गठन करते हुए निकल पड़ा है।

कुछ चुनिन्दा व्यक्तियों और समूहों को छोड़कर अधिकांश समाज इस संकट से बच रहा है। ऐसे असाधारण पतन के दौर में लेखक की क्या भूमिका होनी चाहिए? इस प्रश्न पर जॉर्ज ऑरवेल ने अपने आलेख 'राइटर्स एंड द लिविअथन' (1948) में दूसरे महायुद्ध के परिप्रेक्ष्य में लिखे आलेख में अधिक खुले तौर पर चर्चा की है। यह लेख ऐसे समय में लिखा गया था, जब सरकार ने जीवन के सभी अंगों पर नियन्त्रण कर लिया था। उनके अनुसार ऐसे समय में एक लेखक के पास किसी और की

तुलना में अधिक राजनीतिक ज़िम्मेदारी होती है। घोर विपदा के समय लेखक समाज की रीढ़ होता है। राजनीति को बढ़ावा देने वाली संस्कृति के निर्माण में लेखक भी शामिल है; यह कहकर वह दावा करता है कि हम पर हावी होने वाले राज्य संगठन की प्रकृति सम्बन्धित समाज में रहने वाले बौद्धिक वातावरण के प्रकार और समाज के कलाकारों और लेखकों के दृष्टिकोण पर निर्भर करती है। आमतौर पर कोई भी विवेकशील व्यक्ति राजनीति से दूर नहीं रह सकता। एक लेखक को एक आम नागरिक के रूप में राजनीति में भी हिस्सा लेना चाहिए। ऑरवेल का कहना है कि एक लेखक को एक सामान्य व्यक्ति होना चाहिए और कभी-कभी उसे नागरी युद्धों में भाग लेना चाहिए। 'व्हाय आई राइट?' (1946) अपने प्रसिद्ध लेख में अपनी स्थिति स्पष्ट करते हुए ऑरवेल कहते हैं कि उनके लेखन का उद्देश्य स्पष्ट है और वह है अनेकतावाद के विरुद्ध और लोकतान्त्रिक समाजवाद के पक्ष में खड़ा होना!

इस समय लेखक की राजनीतिक भूमिका क्या होती है, इसे कुछ समय के लिए अलग रखा जाये तो लेखक की बौद्धिक ज़िम्मेदारी सामान्य रूप से क्या होनी चाहिए, इस बात की चर्चा वियतनाम युद्ध के दौरान नोम चॉम्स्की ने 'द रिस्पॉन्सिबिलिटी ऑफ इंटेलेक्चुअल' (1967) और 'राइटर्स एंड इंटेलेक्चुअल रिस्पॉन्सिबिलिटी' (1996) नामक लेखों में की है। चॉम्स्की ने सुझाव दिया कि लेखक को कम-से-कम तीन ज़िम्मेदारियों की जानकारी होनी चाहिए।

एक : किसी भी लेखक या समझदार व्यक्ति का प्राथमिक उत्तरदायित्व होता है कि वह सत्य को खोजे और उसे दूसरों तक पहुँचाये। यह ज़िम्मेदारी बेहद कठिन होती है और अगर समाज के कमज़ोर तबके का कोई व्यक्ति सच बोल रहा है तो ऐसा सत्यकथन उस व्यक्ति के लिए अधिक जोखिम भरा होता है। एक खुले और उदार समाज में सच बोलना आसान नहीं है, यह अन्य समाजों में अधिक चुनौतीपूर्ण होता है।

दो : दूसरे उत्तरदायित्व में लेखक को नैतिक वाहक के रूप में माना जाता है और इसमें लेखक से अपेक्षा की जाती है कि वह मानव हित में कार्य करने वाले मामले के बारे में सच्चाई बताये। एक समूह जो इस तरह की सच्चाई के बारे में कुछ करने की इच्छा रखता है, उससे अपेक्षा की जाती है। आमतौर पर बुद्धिजीवी ऐसे सच से दूर भागते हैं।

तीन : लेखक की तीसरी ज़िम्मेदारी श्रोताओं के प्रति है। सत्य किसे बताना चाहिए? फ्रांसीसी दार्शनिक मिशेल फुको के अनुसार सत्य सत्ताधारियों को बताना चाहिए।

हालाँकि, चॉम्स्की फुको के समान भूमिका नहीं लेते। वे कहते हैं कि सत्य किससे कहा जाये, यह प्रश्न महत्त्वपूर्ण है और जिस समूह को सत्य बताना है उससे अपेक्षा की जाती है कि वह प्रबोधन और मानव कल्याण के लिए आवश्यक जागृति और कार्रवाई के लिए तैयार रहे। आन्दोलन और जेल में अपने स्वयं के अनुभवों के आधार पर, चॉम्स्की का तर्क है कि सत्ता को सच बताने के बजाय, सच्चाई को उस समूह को बताया जाना चाहिए जो ज्ञान और कार्रवाई के लिए तैयार है जो मानव भलाई के लिए आवश्यक है। वह यह भी दावा करता है कि किसी समूह को सच बताने के बजाय उस समूह के साथ रहकर 'सत्य' कहना चाहिए।

चॉम्स्की द्वारा व्यक्त की गयी तीसरी अपेक्षा का भारतीय लेखकों के लिए एक विशेष सन्दर्भ है। भारतीय लेखकों के लिए चॉम्स्की की तीसरी शर्त को पूरा करने में आने वाला व्यवधान संरचनात्मक है। भारत एक ऐसा देश है जहाँ अज्ञानता, अविवेक और अन्याय को स्थायी तथा विशिष्ट संस्थात्मक बना दिया गया है। इस देश की प्रमुख जातियों ने लोगों के एक बड़े समूह को लम्बे समय तक ज्ञान से वंचित रखने और उन्हें निम्न स्तर पर रहने के लिए मजबूर करने में सफलता प्राप्त की है। इसे प्राप्त करने के लिए विभिन्न सांस्कृतिक संरचनाओं, बौद्धिक उत्पादन, धार्मिक संस्थानों, प्रशासन, सैन्य बलों, शिक्षा और भाषायी मामलों पर सख़्त नियन्त्रण बनाये रखने में इस वर्ग की सफलता दुनिया में अद्वितीय है। ऐसे में भारत जैसे देश में लेखकों की ज़िम्मेदारी और भी बढ़ जाती है।

आधुनिक काल में इस वर्ग ने समाज में 'जैसे थे' को संरक्षण देने का भरसक प्रयास किया है। ऐसे समाज में पूर्वाग्रह, घृणा, सद्भाव, संचार के प्रति गहरी प्राथमिकता के कारण विभिन्न समूहों के बीच जुड़ाव, संवाद, साहचर्य लगभग असम्भव है। ऐसे समाज में, लेखक फ़ौलादी भौतिक वातावरण से पैदा हुए लेखकों की चेतना को जकड़ लेने वाली अपरिहार्य स्थिति से उबर नहीं पा रहे हैं। साहित्य के क्षेत्र में अनेक उदाहरण मिलते हैं कि कैसे लेखकों की जातिबद्ध प्रकृति ने उनकी रचनाओं में निर्णायक रूप से दख़लअन्दाज़ किया है। चॉम्स्की की तीसरी शर्त को पूरी करने में संरचनात्मक व्यवधान है। साहित्यिक व्यवहार के स्वस्थ और लोकतान्त्रिक होने में यह बड़ी कठिनाई है। बहुत कुछ इस बात पर निर्भर करता है कि समग्र रूप से समाज और विशेष रूप से लेखक वर्ग इस समस्या का कितनी दृढ़ता से सामना करता है। चॉम्स्की की तीसरी शर्त को पूरी करने में एक और व्यवधान भारत के विशिष्ट राज संस्थानों द्वारा निर्माण किया गया है।

यह एक ऐसे अनोखे राज्य संगठन द्वारा बनाया गया है। यह महसूस करते हुए कि समाज को पुराने तरीक़ों से नहीं चलाया जा सकता, शासक वर्ग ने अपनी नीति बदल दी है। लेखक जिस बुद्धिजीवी वर्ग का अभिन्न हिस्सा है, उस बुद्धिजीवी वर्ग का तुष्टीकरण कैसे किया जाये, यह राज्य संस्था के सामने एक महत्त्वपूर्ण प्रश्न है। पूँजीवादी समाज में बुद्धिजीवियों के निशस्त्रीकरण को प्राप्त करने के लिए, शासक वर्ग राज्य संस्थानों के माध्यम से नयी-नयी योजनाएँ बनाता है। बेशक, नया शासक वर्ग लेखकों के दावों की अव्यक्त परिवर्तनकारी शक्ति को कमज़ोर करने का अवसर नहीं छोड़ता। इन प्रक्रियाओं को विभिन्न तरीक़ों से कार्यान्वित किया जाता है, जैसे निर्भरता के विभिन्न ढाँचे अनुदान और परोपकार प्रदान करने वाले विभिन्न संगठन और पुरस्कारों की राज्य प्रायोजित प्रणाली। ऐसे समय में लेखकों के लिए अपनी स्वायत्तता बनाये रखना चुनौतीपूर्ण हो जाता है। इस हद तक कि लेखक राज्य लाभ प्रणालियों से ख़ुद को दूर करते हैं जो उनकी स्वायत्तता में हस्तक्षेप करते हैं, वे चॉम्स्की के तीसरे मानदण्ड को पूरा करने के योग्य हैं।

इस तीसरी कसौटी को पूरा करने में एक और कठिनाई है। वह है, जनता के साथ रहकर सच बोलना और एक रुकावट है भारत का शतखण्डित होना। समकालीन भारत में विभिन्न जातियों की तेज़ी से ध्रुवीकृत पहचान का उदय कई सवाल खड़े करता है। इस समस्या ने साहित्य के क्षेत्र को भी प्रभावित किया है। विभिन्न जाति/आदिवासी समूहों द्वारा प्रत्यक्ष या परोक्ष रूप से अभिव्यक्त किये गये सांस्कृतिक संगठन, साहित्यिक बैठकें, दबाव समूह, लेखकों के समाज संगठन, साहित्य-संस्कृति के पारम्परिक मूल्य यह सिद्ध करते हैं कि हम आज भी घिनौने जीवन की मध्ययुगीन रीति-परम्परा से मुक्त नहीं हुए हैं। यह इस बात का संकेत है कि हम पूरी तरह वर्ग समाज नहीं बन पाये हैं। ऐसे समाज में स्व-जाति और स्व-वर्ग द्वारा लेखक की जागरूकता पर लगाये गये बाड़ को पार करके आम लोगों के साथ रहकर सच बोलना लेखक के लिए अधिक चुनौतीपूर्ण है।

हालाँकि आज मराठी साहित्य के क्षेत्र में कई युवा लेखक प्रयोग कर रहे हैं और वास्तविकता का सामना करने की पूरी कोशिश कर रहे हैं, लेकिन कई समाज में मूलभूत अन्तर्विरोधों को समझने में विफल हैं, यह सच है! ऐसे में ख़तरा है कि जिस विषय पर वे लिखेंगे वह साहित्य से ही प्रकट होगा। नये लेखकों की ईमानदारी पर कोई सन्देह नहीं है; लेकिन आज के समय में यह इतनी व्यापक संवेदनशीलता और उसके लिए अनुकूल नहीं है।

यदि वे लागत की गणना करने में विफल रहते हैं, तो उनके बहिर्मुखी रहने की सम्भावना अधिक होती है।

इस पृष्ठभूमि के आधार पर अजय कांडर इस चिन्तनशील लम्बी कविता को लेकर आ रहे हैं। एक कवि जो 'कवियों के रूप में हम किसके पक्ष में खड़े हैं कि स्पष्ट भावना की घोषणा करने और उसे निभाने में संकोच नहीं करने वाला कवि अन्तर्राष्ट्रीय स्तर पर मैक्सिम गोर्की के साथ रहने की इच्छा रखता है। लेखक के पास वैचारिक भूमिका की कमी, लेखक ने पद, प्रतिष्ठा, पुरस्कार, प्रसिद्धि, मान्यता के पीछे भागना यह कांडर को व्यथित करता है। जब कविता और साहित्य का पूरा क्षेत्र साम्राज्यवाद से त्रस्त है, ऐसे समय में कांडर ने वैचारिक पृष्ठभूमि और आधिकारिक निष्ठा को प्राथमिकता दी। 90 के दशक के बाद के उनके समकालीन कई कवियों ने ऐसी विशिष्ट भूमिका और परिपक्वता के अभाव में समारोहपूर्वक 'मैं' की परेड की और प्रतिष्ठा को बनाये रखा। ऐसे अलंकृत कवियों के लिए अजय कांडर का गद्य और पद्य लेखन आदर्शोन्मुखी हो सकता है। राज्य की औपचारिक और अनौपचारिक संस्थाओं से लाभान्वित होने की इच्छा के कारण नवदोत्तर के बहुत-से कवि यथार्थ का केवल सतही वर्णन करने में सक्षम हैं, इसलिये भारत जैसे अद्बितीय देश में ज़िम्मेदार लेखकों और बुद्धिजीवियों के रूप में अपनी ऐतिहासिक भूमिका से वंचित रह जाते हैं। वैश्वीकरण ने सभी प्रकार की सांस्कृतिक प्रथाओं को अस्थिर कर दिया है। इसलिए यह एक दुखद तथ्य है कि भले ही आज कविता का एक उत्सवी चरित्र है, लेकिन यह अपनी आन्तरिक गुणवत्ता और लोकप्रियता खो रही है।

आधुनिक मराठी साहित्य में नामदेव ढसाल, यशवन्त मनोहर, बाबा आमटे, प्रज्ञा दया पवार, वसन्त अबाजी डहाके आदि इससे पूर्व भी मराठी में लम्बी-लम्बी कविताएँ लिख चुके हैं। कांडर ने इसी रास्ते पर चलते हुए यह कविता लिखी है। डॉ. बाबासाहब आम्बेडकर के जीवन और कार्यों ने मराठी के अलावा भारत की विभिन्न भाषाओं के कई कवियों को प्रेरित किया है। इसी मार्ग पर चलकर कांडर ने यह कविता लिखी है। डॉ. बाबासाहब आम्बेडकर का जीवन व कार्य मराठी के अलावा भारत के विभिन्न भाषाओं में अनेक कवियों को उत्साहवर्धक लगा है। हालाँकि, उनके विशाल कार्य को न्याय देना एक छोटी कविता के बस की बात नहीं है। इसलिए इस महापुरुष का जीवन कांडर ने एक लम्बी कविता का विषय बनाया है।

कई आत्मकथात्मक कविताओं में अन्ध भक्ति, अवास्तविक महिमामण्डन, कृत्रिम छवियों की बमबारी, संकीर्ण पहचान, आत्म-प्रशंसा और आत्म सन्तुष्टि, उपलब्धि, असफलता के खोखले दावे, असफलता के आत्मघाती और आत्म-विश्लेषण,

आत्म-उन्नति और आत्म-धोखे से बचकर, लेखक कविता में अधिक गहन सामग्री डालने में सफल होता है। वारकरी कवि विठ्ठल को सखा मानते हैं और उन्हें एकवचन सर्वनाम 'विठाई' और 'तू' के साथ सन्दर्भित करते हैं और जैसे वामन दादा कर्डक ने अलवार प्रेम से भीमराय को 'विठाई' की तरह 'भीमाई' कहा है। इसी प्रकार कवि नायक को सखा मानकर प्रेम और हक़ से 'तू' कहकर सम्बोधित करता है।

तुमने अपने भक्त बनने के सभी विचारों को ख़ारिज कर दिया
मैं तुम्हारी भक्ति की मधुरता गाता रहा।

यह कविता प्रारम्भ में ही आत्म-आलोचना का भेदक स्वर उठाकर पाठक का ध्यान खींच लेती है, इसके बाद कविता एक नदी की तरह आगे बढ़ती है जो चुपचाप, धीरे-धीरे लेकिन धैर्यपूर्वक अस्पष्टता से बचते हुए बहती है।

कविता की विशिष्टता यह है कि इस कविता का एक बड़ा हिस्सा स्त्री संवेदनाओं को अभिव्यक्त करता है। इस एपिसोड की शुरुआत 'दादी' के किरदार से होती है। पारम्परिक ज्ञान के शुभ संयोजन की धारणा और महिलाओं की धारणा में नये मुक्ति मूल्यों को स्वीकार करने की स्वागतकारी भूमिका को स्पष्ट रूप से व्यक्त किया गया है।

"दादी कहती थी
जिस घर में एक महिला की गरिमा बनी रहती है
उस घर को अपना माना जाना चाहिए और
जो महापुरुष स्त्री को स्वतन्त्रता दिलाने का प्रयत्न करता है,
वही सभी का माना जाना चाहिए।"

वर्तमान समय में डॉ. बाबासाहब आम्बेडकर को एक नारीवादी के रूप में प्रस्तुत करने पर विद्वान द्वारा सवाल उठाये जा रहे हैं। जाति और पितृसत्तात्मक व्यवस्था किस प्रकार परस्पर पूरक और परस्पर सहायक हैं, इसे हाल ही में बाबासाहब के विचारों के आधार पर प्रस्तुत किया जा रहा है। साहित्य के क्षेत्र में अभी तक ऐसा अध्ययनशील प्रयास नहीं के बराबर है। प्रस्तुत कविता उस दिशा में पहला महत्त्वपूर्ण और साहसिक मौलिक प्रयास है। कम-से-कम इस एक योगदान के लिए अजय कांडर मराठी कविता में हमेशा जाने जायेंगे।

कविता की शुरुआत में सुनाई देने वाला आत्म-स्वर बाद में और अधिक तीव्र हो जाता है। कुल मिलाकर कवि कई दर्दनाक विषयों पर टिप्पणी करना आवश्यक समझता है। जैसे मूल्यों का चल रहा सार्वभौमिक पतन और बुद्धिजीवियों का अपनी

ऐतिहासिक भूमिका से पलायन ऐसे अनेक कठिन विषयों पर भाष्य करना कवि को आवश्यक लगता है। इसलिए यह कविता एक पारम्परिक जीवनीपरक कविता नहीं रह जाती बल्कि कविता में सम्पूर्णता को समेटने की क्षमता होने के कारण यह मूल्य कविता बन जाती है। गौरवशाली उच्चारण के साथ मधुर गीत गाने के बजाय कवि को लगता है कि समय के मुख्य अन्तर्विरोधों का समग्रता के भाव से सामना करना आवश्यक है। हर तरफ़ भय और भय से भ्रम कोहरा है, कवि इस बात से अवगत है कि यदि साहित्यकार हिचकिचायेंगे तो समाज अव्यवस्थित होकर विनाशकारी अराजकता की ओर धकेल दिया जायेगा।

कविता की शुरुआत में कवि की विलक्षण आवाज़, हालाँकि, कविता के अन्त में, 'बोलने के लिए समूह को देखता है और स्पष्ट रूप से गवाही देता है कि पीड़ा की माया दूर हो जायेगी और एक नया जीवन शुरू होने वाला है।' कवि की वैचारिक प्रतिबद्धता और विश्वास अटल होने के कारण, 'जीवन व्यर्थ है, अनाकलनीय है, शून्यवत है', 'कुछ भी नहीं है', 'अराजकता ही सार्वभौमिक और अन्तिम सत्य है।' जैसे निराशा का स्वर नहीं निकलता। कवि अवसाद के पहाड़ के नीचे दबने से इनकार करता है, वैसे ही वह आत्मगौरव को भी नकारता है, बल्कि कविता कवि की सोच और उस प्रभाव से पैदा हुए आम लोगों के असाधारण काम के प्रति अगाध है। आख़िर मदान्ध सिंहासन को तोड़ने के लिए उग्र स्वर क्यों नहीं उठे; यद्यपि कवि उसी विषयवस्तु को सूक्ष्म ढंग से प्रस्तुत करने में सफल हुआ है। कविता के अन्त में, कविता का नायक और आम मेहनतकश जनता एक हो जाते हैं और नायक का एकल रूप भी सामूहिक बन जाता है। जिस कलात्मकता के साथ यह हासिल किया गया है वह मराठी कविता के क्षेत्र में अद्वितीय है।

—दिलीप चव्हाण

('युगानुयुगे तूच' के पहले संस्करण से)

भूमिका

अजय कांडर द्वारा रचित और सुधाकर शेंडगे द्वारा मराठी से हिन्दी में अनूदित 'युग-युग से तू ही' बाबासाहब डॉ. भीमराव आम्बेडकर पर केन्द्रित एक लम्बी कविता है। यह कविता की पुस्तक बाबासाहब आम्बेडकर के जीवन, संघर्ष और उनके द्वारा किये गये सामाजिक और राष्ट्रीय जीवन को प्रभावित करने वाले युग प्रवर्तक कार्यों की विशद व्याख्या करती है। साथ ही वर्तमान परिप्रेक्ष्य में उनका मूल्यांकन भी करती है। बाबासाहब आम्बेडकर ने समाज को समानता, स्वतन्त्रता और भ्रातृत्व की राह दिखायी। वह कोई टेढ़ी-मेढ़ी राह नहीं है, एकदम सीधी और सरल है। इस राह पर कोई भी चल सकता है और सबसे बड़ी बात यह कि इस राह पर सब साथ-साथ चल सकते हैं। इस राह पर चलने से किसी को कोई भी ऊँचा-नीचा, छोटा-बड़ा या सछूत-अछूत नहीं दिखायी देगा, सब मनुष्य दिखायी देंगे। कवि बाबासाहब आम्बेडकर को ऐसे महापुरुष के रूप में देखता है जिनका जाति से ऊपर उठकर मनुष्यता में विश्वास है तथा मानवीय मूल्यों की स्थापना पर बल देते हैं। कवि के शब्दों में,

इस दुनिया में
अकेले तुम ही हो
जिसके ख़ून में मुझे कहीं भी
न जाति, न धर्म, न पन्थ
न ईश्वर कहीं दिखायी दिया।

यह सही भी है क्योंकि बाबासाहब अकेले ऐसे महापुरुष थे, जिन्होंने जातिवहीन एवं वर्गविहीन समाज के निर्माण का आह्वान किया और उसके लिए दीर्घ संघर्ष किया तथा संकीर्णतावादी और विषमतावादी धर्म को त्यागकर बौद्ध धम्म को अपनाया धम्म अर्थात प्रज्ञा, शील और करुणा, समता, मैत्री और बन्धुता का मार्ग, जबकि समाज में जाति और धर्म के आधार पर समाज में वैमनस्यता, विरोध और

हिंसा देखने को मिलती है। वर्चस्व की मानसिकता के लोग सबके साथ चलने को तैयार नहीं, वे अपनी अलग राह पर ही चलना पसन्द करते हैं। जातिगत श्रेष्ठता के अहंकार से मुक्त होकर, मनुष्यों के साथ मनुष्य होकर जीना उन्हें स्वीकार्य नहीं है, इसलिए वे प्रेम, सद्‌भाव के सीधे, सरल विचार को नहीं अपनाते, अपितु घृणा, हिंसा और असमानतावादी विचारों का पालन करते हैं। वर्चस्ववाद की यह अहंकारी भावना मनुष्यता का निरन्तर ध्वंस और दमन कर रही है। जातीय और सम्प्रदाय की अस्मिताओं की आग में जलती मनुष्यता को बचाने के लिए यदि सच्चे और पूरे मन से कोई आगे आया तो वह बाबासाहब आम्बेडकर थे।

भेदभाव की संकीर्णताओं से मुक्त होकर ही समाज प्रगतिशील और उन्नतशील बन सकता है। पानी किसी से भेद नहीं करता, पानी के आधार पर अवश्य ही भेद उत्पन्न किये जाते रहे हैं। पानी केवल प्यास बुझाने का साधन मात्र नहीं होता, भारतीय समाज में यह मानवीय अस्मिता का एक प्रश्न रहा है। जाति और धर्म की संकीर्णताओं के चलते यहाँ पानी भी हिन्दू-मुसलमान, सवर्ण-अवर्ण, सछूत-अछूत होता है। यही कारण रहा कि सवर्णों के कुओं से भी आगे बढ़कर सार्वजनिक कुओं, तालाबों से अछूतों को पानी लेने की मनाही रही, क्योंकि उनके स्पर्श से पानी अपवित्र हो सकता था। जो पानी सवर्णों के लिए पवित्रता का प्रतीक था, अवर्ण और अछूतों के लिए वह अस्मिता का प्रश्न था। इसीलिए बाबासाहब ने चवदार तालाब से सबको पानी दिलाने के लिए आन्दोलन किया। चवदार एक प्रतीक मात्र है, वस्तुत: उनका यह आन्दोलन अस्पृश्यता के भेदभाव के विरुद्ध समानता के अधिकार का आन्दोलन था। कवि अजय कांडर ने—

तूने पानी को चवदार बनाया
और प्यास से बढ़कर पानी होता है
जीने की अस्मिता
यह तो तूने ही साबित कर दिया।

भले ही सवर्ण हिन्दुओं को बाबासाहब का यह आन्दोलन अपने विरुद्ध लगा और उन्होंने उसका तीव्र विरोध किया तथा दलितों के प्रति हिंसक कारवाई की। जबकि बाबासाहब आम्बेडकर का आन्दोलन किसी के ख़िलाफ़ नहीं था, बल्कि यह इन्सानियत के लिए इन्सानियत का आन्दोलन था। कवि ने इसे ठीक ही कहा है—

जन्म-जन्मान्तरों से ज़िन्दगी का
'अतल-तल' खोजते-खोजते

बेबस ज़िन्दगी जीने वाले सभी की प्यास
बुझ सके यही तो थी तेरी प्यास।

वस्तुत: यह प्यास है समानता की, मनुष्यता की, सद्भाव, प्रेम और सह-अस्तित्व की। यदि यह प्यास बनी हो तो समाज घृणा, द्वेष, हिंसा, दमन, दम्भ, वर्चस्व और कलुषताओं से मुक्त और वास्तविक रूप में मानवीय हो सकता है। इसलिए पानी के माध्यम से समाज को मानवीय बनाने का कार्य बाबासाहब आम्बेडकर ने किया। पानी का कोई रंग, धर्म और जाति नहीं होती, पानी के लिए सब समान है और वह बिना किसी भेदभाव के सबका है। किन्तु पवित्रता या अस्पृश्यतावादी लोग मनुष्यों की तरह पानी को भी पवित्रता-अपवित्रता से जोड़कर देखते हैं और अपने निजी कुओं, नलकूपों आदि की तो बात अलग सार्वजनिक कुओं, तालाबों आदि से भी दलितों को पानी लेने से रोकते रहे हैं और ऐसा करने पर उनके साथ मार-पीट करते रहे हैं, जबकि सच्चाई यह है कि पानी केवल पानी है, वह स्वच्छ या गन्दा हो सकता है, पवित्र या अपवित्र नहीं होता। अपवित्रता पवित्रतावादी लोगों के मस्तिष्क में होती है। लोगों के मन से ऊँच-नीच, छुआछूत का भेदभाव ख़त्म हो जाये तो पानी पर क़ब्ज़ा और निषेध की भावना का भी अन्त हो जायेगा। कवि बाबासाहब आम्बेडकर का यही सन्देश अपनी कविता के माध्यम से देना चाहता है—

पानी जैसा साफ़-सुथरा मन
हो हरेक के पास
यह सन्देश भी तून दिया सारी दुनिया को।

चवदार तालाब का आन्दोलन वस्तुत: अधिकारों का आन्दोलन था। चवदार तालाब से पानी लेने के माध्यम से बाबासाहब ने दलित समाज को अन्दर इस चेतना का संचार किया कि पानी सहित प्रत्येक सार्वजनिक वस्तु पर तुम्हारा भी उतना ही अधिकार है जितना दूसरों का है। अपना अधिकार मत छोड़ो, कोई तुमको तुम्हारा अधिकार नहीं देगा, तुमको अपना अधिकार प्राप्त करने के लिए संघर्ष करना होगा। अधिकार प्राप्त करना एक प्यास होनी चाहिए और यह प्यास तब तक बनी रहनी चाहिए जब तक प्रत्येक मनुष्य को उसके मानवीय अधिकार नहीं मिल जाते। यही सामाजिक समानता का आधार है और सामाजिक समानता ही मानवीय प्रेम, शान्ति, अहिंसा, सद्भाव, न्याय, स्वतन्त्रता और सह-अस्तित्व का आधार है। यही सामाजिक लोकतन्त्र है। सभी शोषितों को शोषण के विरुद्ध उत्पीड़ितों को उत्पीड़न के विरुद्ध, न्याय से वंचित लोगों को अन्याय के विरुद्ध और अस्पृश्यों को अस्पृश्यता के विरुद्ध

संघर्ष करना ही चाहिए तभी वे शोषण, उत्पीड़न, अन्याय और अस्पृश्यता से मुक्त हो सकते हैं। मानवीय अधिकारों की यह प्यास समाज के प्रत्येक अधिकार वंचित व्यक्ति के मन में जगाने का महान कार्य बाबासाहब आम्बेडकर ने किया। भारतीय संविधान में मौलिक अधिकारों के रूप में प्रत्येक नागरिक के मानवाधिकारों को सुरक्षा प्रदान कर बाबासाहब आम्बेडकर लोकतन्त्र के रक्षक और मानव अधिकारों के मसीहा के रूप में दुनिया में अमर हो गये हैं। जब भी कोई व्यक्ति भूखा, प्यासा, शोषित, पीड़ित, दलित-दमित और अधिकार वंचित होगा, अपने अधिकारों के लिए संघर्ष और प्रेरणा और ऊर्जा बाबासाहब आम्बेडकर की चेतना से ग्रहण करेगा। बाबासाहब आम्बेडकर की चेतना उसका मनोबल बढ़ायेगी।

इस दुनिया में जब तक होगा मनुष्य
और जब तक होगी यह जीव-सृष्टि
तब तक यह 'प्यास' ऐसे ही रहेगी
और जब तक बची रहेगी प्यास
तब तक इस दुनिया में
तू भी अवश्य बचा रहेगा।

दुनिया में ऐसे लोग हैं, जिनके घरों में सूरज उगता है, उन्हें दूसरों के घर का अँधेरा दिखायी नहीं देता। वे यह मानते हैं कि दुनिया में कहीं भी अँधेरा नहीं है। कुछ ऐसे लोग होते हैं जो अपने घर का अँधेरा दूर करके सन्तुष्ट हो जाते हैं, उन्हें दूसरों के घर के अँधेरे से कोई मतलब नहीं होता। लेकिन कुछ लोग ऐसे होते हैं जो अँधेरे घरों को रोशन करने का प्रयास करते हैं। बाबासाहब आम्बेडकर ऐसे ही विरले महापुरुष थे जिन्होंने अँधेरों में रह रहे लोगों को अपने विचारों की मशाल थमाकर अपना अन्धकार दूर करने की प्रेरणा और दिशा दी। कवि के शब्दों में—

तूने अँधेरे से उजियारे की ओर बढ़ते हुए
इन अँधेरे में फँसे बेबस असहायों पर
दूर से प्रकाश ही नहीं फहराया
उनके काँपते थरथराते हाथों में ही थमाया
अपने विचारों का एक नया जलता दीया।

यह कठिन कार्य उन्होंने उस समय में किया, जब मनुष्यों का मनुष्यों के साथ ही मनुष्यवत व्यवहार नहीं था। दलितों को पशुओं से भी बदतर समझा जाता था।

उन्हें यह भी पता नहीं था कि
जीवन नाम की भी कोई सुन्दर चीज़ होती है
उनको लगता था कि
ऊँचे जाति-समूह की इस दुनिया में
जन्म लेना ही सबसे बड़ा अपराध होगा उनका।

बाबासाहब आम्बेडकर ने ऐसे सभी लोगों को मानवी अधिकार दिलाये, ताकि वे भी दूसरों की तरह समानता, सम्मान और स्वाभिमान से जी सकें। उल्लेखनीय बात यह है कि दलित-वंचितों को अधिकार देने के लिए उन्होंने किसी अन्य के अधिकार नहीं छीने, किसी के अधिकारों का हनन नहीं किया। सबको समान मानवीय अधिकार यह मनुष्यता की माँग है और बाबासाहब आम्बेडकर ने केवल उस माँग को पूरा कर मनुष्यता को गरिमा और गौरव प्रदान किया।

समाज, राष्ट्र, लोकतन्त्र सब मनुष्य है। मनुष्य स्वतन्त्रता का अनुभव करेगा तभी देश की स्वतन्त्रता का अर्थ होगा। निषेध और वर्जनाओं का शिकार अर्थात् ग़ुलाम व्यक्ति स्वतन्त्रता से वंचित रहता है। बाबासाहब आम्बेडकर की यह सोच थी कि जब तक प्रत्येक व्यक्ति को स्वतन्त्रता नहीं मिलती तब तक देश की स्वतन्त्रता का कोई अर्थ नहीं है। इसलिए देश के समस्त नेता और जनता देश की स्वतन्त्रता के लिए लड़ रहे थे, बाबासाहब आम्बेडकर अकेले नेता थे जो देश की स्वतन्त्रता के साथ व्यक्ति की स्वतन्त्रता के लिए लड़ रहे थे। यह उनकी दूरदृष्टि और मानवीय चेतना की पराकाष्ठा थी। यह उनकी युग चेतना थी जिसने यह समझा कि देश का स्वतन्त्र होना सरल है किन्तु मनुष्य का ग़ुलामी से मुक्त होना बहुत कठिन है। कवि अजय कांडर की चेतना ने इस तथ्य को पकड़ा है। तभी तो वे लिखते हैं—

देश एक ही बार स्वतन्त्र होता है
और उसके क़दम बढ़ते रहते हैं
प्रगति की ओर
किन्तु मनुष्य को
ग़ुलामी से मुक्ति पाने के लिए
लगते हैं हज़ारों साल।

व्यक्ति आर्थिक ग़ुलामी से मुक्त हो सकता है किन्तु ग़ुलामी यदि धार्मिक परम्परा बन जाये तो उसका समाप्त होना बहुत मुश्किल होता है। भारत में शूद्रों-अत्यंजों पर तथाकथित शास्त्रीय व्यवस्था द्वारा थोपे गये निषेध और वर्जनाएँ धार्मिक ग़ुलामी

का घृणित उदाहरण है। धर्म-समर्थित व्यवस्थाएँ बहुत जल्दी परम्परा बनती हैं और परम्पराएँ समाज को इतना जड़ बना देती हैं कि वह परम्पराओं को छोड़ने के लिए तैयार नहीं होता। परम्परा का लाभ जिस वर्ग या जाति को होता है वह परम्परा को बनाये रखने के लिए उसका पुरजोर पोषण और संरक्षण करता है। ब्राह्मणों द्वारा, क्षत्रिय और वैश्य वर्णों के सहयोग और समर्थन से दलितों की ग़ुलामी का पोषण कर, उसे निरन्तर मज़बूत किया जाता रहा है। इस सामाजिक और मानसिक ग़ुलामी ने इस बात को पुष्ट किया कि उच्च जातियों की श्रेष्ठता और सम्मान का आधार निम्न जातियों की हीनता और अपमान है। उच्च जातियों का वर्चस्व निम्न जातियों के दमन पर निर्भर करता है। ब्राह्मण के नेतृत्व में उच्च जातियाँ निम्न जातियों पर अपना वर्चस्व और दबदबा बनाकर रखना चाहती हैं, यही कारण है कि सदियों की सामाजिक दासता से दलितों की मुक्ति का प्रश्न उनके लिए कोई महत्त्व नहीं रखता और इसलिए वे इसकी उपेक्षा करते हैं। देश के स्वतन्त्रता आन्दोलन के दौरान बाबासाहब आम्बेडकर द्वारा देश की स्वतन्त्रता से पहले दलितों की सामाजिक दासता से स्वतन्त्रता की आवश्यकता के विचार का किसी अन्य नेता द्वारा समर्थन नहीं किया गया, अपितु देश की स्वतन्त्रता के मार्ग में बाधक मानकर उनका विरोध किया गया। उनको और उनके विचार को हाशिये पर धकेलने की पूरी कोशिशें की गयीं। यह बाबासाहब आम्बेडकर की दृढ़ता और उनके अन्दर गहरे तक भरी मानवता की भावना थी कि वह वन मैन आर्मी की तरह अपने विचार से साथ अडिग रहे तथा देश और दलित, दोनों की स्वतन्त्रता के लिए अविस्मरणीय कार्य किया। यदि बाबासाहब का साथ उस समय के अन्य नेताओं ने भी दिया होता तो आज भारत की तस्वीर कुछ और होती। 'जातिविहीन और वर्गविहीन समाज' बाबासाहब आम्बेडकर की क्रान्तिकारी संकल्पना थी। खुले मस्तिष्क से सोचने वाले लोग उनके इस विचार को स्वीकार करते हैं, किन्तु ऐसे लोगों की संख्या अपेक्षाकृत कम है।

दुनिया की किसी भी लड़ाई से
व्यक्ति स्वतन्त्रता की लड़ाई ही
सबसे बड़ी होती है।

ग़ुलामों पर आधिपत्य बनाकर रखा जा सकता है और उनका दमन किया जा सकता है, स्वतन्त्र व्यक्ति का नहीं। मानसिक दासता, सबसे बड़ी दासता है। मानसिक रूप से ग़ुलाम व्यक्ति कभी प्रतिकार नहीं करता, वह दमन और शोषण को भी 'भाग्य

का लेखा' या 'भगवान की मर्ज़ी' के रूप में स्वीकार करता है। स्वतन्त्र और जागरूक व्यक्ति दमन और शोषण का प्रतिकार करता है। कवि बहुत सही कहता है कि—

समाज की आख़री कतार में खड़ा
आख़री आदमी
जब तक विचारों से स्वतन्त्र नहीं होता
तब तक इस देश की स्वतन्त्रता का
कोई अर्थ नहीं है।

वैचारिक जड़ता परिवर्तन और क्रान्ति का गला घोट देती है। वैचारिक जड़ता का टूट जाना अपने आप में बहुत बड़ी क्रान्ति है। इसलिए बहुत ज़रूरी है कि व्यक्ति वैचारिक या मानसिक रूप से स्वतन्त्र और सचेत हो। वस्तुत: स्वतन्त्रता एक अनुभव है और यह अनुभव उसे ही हो सकता है जो स्वतन्त्र हो। स्वतन्त्रता की अनुभूति के लिए वैचारिक और मानसिक रूप से चेतन और स्वतन्त्र होना आवश्यक है। वैचारिक जड़ता से ग्रस्त रहते हुए व्यक्ति स्वतन्त्र नहीं हो सकता और न स्वतन्त्रता का अनुभव कर सकता है। कवि सही कहता है कि—

स्वतन्त्रता को समझने के लिए
पहले विचारों में प्रगल्भता आनी चाहिए
प्रगल्भता के लिए
होना पड़ता है अज्ञान से मुक्त
और ज्ञान की भूख मिटाने के लिए
पहले पढ़नी पड़ती हैं किताबें।

किन्तु यह एक विडम्बना है कि मानसिक जड़ता और तद्जनित दासता की जंजीरों में जकड़े लोग उस जड़ता से मुक्त होने के लिए तैयार नहीं हैं। वे बाबासाहब आम्बेडकर का नाम लेते हैं, जय भीम भी बोलते हैं, घर में बाबासाहब द्वारा लिखित किताबें भी रखते हैं किन्तु उन किताबों को पढ़ते नहीं हैं, अलमारियों में शो-पीस की तरह सजाकर रखते हैं। बाबासाहब आम्बेडकर को जानने, समझने और उनका अनुयायी होने के लिए उनकी लिखी पुस्तकों को पढ़ना, समझना और ग्रहण करना आवश्यक है। बाबासाहब आम्बेडकर की पुस्तकों को नहीं पढ़ने वाले लोग बाबासाहब के विचारों से दूर बने रहते हैं। सच्चाई यह है कि—

पुस्तकें न पढ़ने पर
जब उनको लगती है दीमक

तो यह समझना चाहिए कि
हमारी ज़िन्दगी को ही दीमक लगी है।

बाबासाहब को मानने का दम भरने वाले ऐसे लोग दूसरे देवी-देवताओं की तरह बाबासाहब को भी पूजा की वस्तु समझते हैं। ऐसे लोग रीढ़विहीन होते हैं और उनके लिए बाबासाहब की पूजा करना ही उनको मानना या उनका अनुयायी होना है। कवि ऐसे लोगों की ओर से बाबासाहब से ख़ेद व्यक्त करते हुए कहता है—

हम जानते हैं अच्छी तरह से कि
तेरे विचारों का बोझ भी हम नहीं उठा पायेंगे
क्योंकि हमारी रीढ़ की हड्डी नहीं है
उतनी मज़बूत।

दिखावा करने वाले लोग कभी वास्तविक नहीं होते। दिखावा प्राय: अवसरवादी लोग करते हैं। बाबासाहब के विचारों पर अमल नहीं करने वाले किन्तु घर के ड्राइंग रूम में उनकी किताब सजाकर रखने वाले वही लोग अवसरवादी होते हैं। जहाँ कहीं निजी हितों की पूर्ति के लिए आवश्यक समझते हैं, स्वयं को आम्बेडकरवादी प्रदर्शित करते हैं, अन्यथा बाबासाहब और उनके विचारों से उनका कोई सम्बन्ध नहीं होता। इसी तरह की स्थिति उन लोगों की है जो बाबासाहब आम्बेडकर के प्रति श्रद्धा और भक्ति-भावना से भरे रहते हैं। वे बाबासाहब को भगवान की तरह पूजते हैं, अन्य देवी-देवताओं की तरह बाबासाहब क़ी भी स्तुति करते हैं, आरती उतारते हैं और उनको भोग लगाते हैं। अवसरवादियों की अपेक्षा ऐसे लोग अधिक ईमानदार होते हैं। ऐसे भक्त लोग बाबासाहब के विरुद्ध कुछ भी सुनने के लिए तैयार नहीं होते और बाबासाहब के नाम पर किसी से भी टकरा जाने को तैयार रहते हैं। कुछ ऐसे लोग होते हैं, जिन्होंने अशिक्षा अथवा अवसर के अभाव में बाबासाहब को पढ़ा नहीं होता, किन्तु बाबासाहब के बारे में दूसरों से सुनकर ही उनके विचारों को ग्रहण कर अपने जीवन की दिशा बदल लेते हैं। ऐसे लोग बाबासाहब के सच्चे अनुयायी होते हैं। कवि की स्पष्ट धारणा है कि बाबासाहब को उनके नाम के जयकारे लगाने से नहीं जाना जा सकता, बाबासाहब को जानना है तो उनकी लिखी किताबों को पढ़ना होगा। वहीं से खुलेंगे प्रज्ञा-चक्षु, वहीं से पता चलेगा अपना इतिहास-भूगोल और उसी से निकलेगा सुन्दर, सुखी भविष्य का रास्ता।

जब-जब अलमारी से एक-एक निकालने लगती है बाहर
तो तू ही उन किताबों में हो जाता है बन्द

तब वे पुस्तकें केवल तेरा ही साथ नहीं निभाती ज़िन्दगी को खोलकर रख देती हैं
तुम्हें समझाते हुए तेरा इतिहास-भूगोल
और भविष्यकाल भी तुझे फिर से परखने के लिए।

बाबासाहब आम्बेडकर ने शिक्षित और जागरूक बनाने पर ज़ोर दिया। उनके अन्दर ज्ञान की अप्रतिम भूख थी, ऐसी ही भूख वह समस्त दलितों और शोषितों के अन्दर जगाना चाहते थे। बाबासाहब ने कहा कि अधिकार माँगने से नहीं मिलते, अधिकार मिलते हैं अधिकार पाने की चेष्टा करने से। उनके लिए संघर्ष करना पड़ता है। पहली आवश्यकता यह जानने की होती है कि अधिकार कौन-कौन से हैं और वे कैसे प्राप्त किये जा सकते हैं? अर्थात उनको पाने के लिए संघर्ष की दिशा क्या होनी चाहिए। भारतीय संविधान में मौलिक अधिकारों के रूप में नागरिकों के मानवीय अधिकारों की व्यवस्था बाबासाहब आम्बेडकर द्वारा की गयी है। मौलिक अधिकारों के अलावा भी अन्य अधिकारों की व्यवस्था संविधान में है। अपने अधिकारों का उपयोग तभी किया जा सकता है जब व्यक्ति को उनके बारे में जानकारी हो। अपने अधिकारों के बारे में जानने के लिए संविधान को पढ़ना आवश्यक है। किन्तु अधिकांश लोग केवल संविधान की उद्देशिका पढ़कर ही स्वयं को धन्य समझ लेते हैं। संविधान को पढ़ने के प्रति कोई रुचि देखने को नहीं मिलती है। संविधान के अनुच्छेदों में क्या लिखा है? कौन-कौन से प्रावधान हैं? उनके क्या अर्थ हैं? यह पढ़ने और जानने का प्रयास बहुत कम दिखायी देता है। शिक्षित वर्ग की यह स्थिति अत्यन्त निराशाजनक है। संविधान को पढ़ने के प्रति शिक्षित वर्ग की उदासीनता दलित समाज की अधोगति का एक बड़ा कारण बनता है। अपनी इस कविता में कवि इस ओर भी संकेत करता है।

बाबासाहब आम्बेडकर अलौकिक शक्तियों वाले कोई देवता नहीं हैं, वे मानव हैं। उन्होंने मानवता के लिए महान कार्य किये इसलिए वे केवल मानव नहीं, महामानव हैं। यही उनकी असली पहचान है और उनको इस रूप में देखना और मानना ही उनका उचित सम्मान और उनके साथ न्याय है। बाबासाहब को मानवीय परिप्रेक्ष्य से समझने वाले प्रबुद्ध लोग ऐसा ही करते हैं। कवि अजय कांडर भी ऐसा ही विचार रखते हैं। कवि के शब्दों में—

हमने तुझमें देवत्व नहीं ढूँढ़ा
तू केवल हमें एक मनुष्य लगा

मनुष्य के लिए संघर्ष करनेवाला
इसीलिए ही तो तू मेरे लिए बन गया महामानव
एक 'युग नायक'।

महापुरुष की विशेषता यही होती है कि वह रूढ़ियों और परम्पराओं में बँधा नहीं होता, उनसे मुक्त होता है। वह धर्म, जाति या लैंगिक भेद नहीं देखता, वह सबके सामूहिक कल्याण के लिए कार्य करता है, वह सबका होता है। बाबासाहब आम्बेडकर ऐसे महापुरुष थे जिन्होंने स्त्री की समानता और स्वतन्त्रता के लिए सतत रूप से और युगान्तरकारी कार्य किये।

बाबासाहब आम्बेडकर महापुरुषों की भीड़ में सबसे अलग और सबसे ऊँचे क्यों है? क्योंकि दूसरे महापुरुष जहाँ धर्म, संस्कृति, दया, करुणा, प्रेम, अहिंसा या फिर मानवीय प्रेम और सद्भाव की बात करते रहे, बाबासाहब आम्बेडकर ने पददलित समाज और स्त्रियों की स्वतन्त्रता, समानता और न्याय के लिए संघर्ष किया, उनको मानवीय अधिकार दिलाये। उनकी शिक्षा और स्वावलम्बन पर बल दिया, इसके रास्ते बनाये और उन्हें इसके लिए प्रेरित किया। कवि बाबासाहब के इस महान योगदान को याद करता है और उसके लिए उनके समक्ष नत-मस्तक होता है। यथा—

तूने प्रदान की-स्त्री की स्वतन्त्रता
और स्त्री के संसार का हित भी देखा
यही तो वह जगह है जहाँ तुम
अन्यों से अलग सिद्ध होते हो
स्त्री के सुखों की खोज करने वाला
उसकी पराधीनता को दूर करने वाला
सम्पूर्ण स्त्री जाति के अस्तित्व का समर्थक।

वस्तुत: बाबासाहब आम्बेडकर के हृदय में सभी दु:खी, पीड़ित, वंचित और उपेक्षितों के प्रति माँ जैसा प्रेम, वात्सल्य और ममता थी। जैसे माँ अपने बच्चों को प्यार-दुलार से पालती है, वैसे ही बाबासाहब ने दलितों और स्त्रियों के जीवन को सँवारा, एक माँ की तरह उनको पाला-पोसा। बाबासाहब पहले व्यक्ति थे, जिसने स्त्री के अधिकारों के लिए स्त्री परिषद् आयोजित की। बाबासाहब द्वारा स्त्री सम्मेलन का आयोजन भारत के इतिहास में सम्भवत: पहला अवसर था। उनका यह क्रान्तिकारी क़दम स्त्री स्वतन्त्रता और स्वाभिमान की दिशा में एक मील का पत्थर था, जिसने

स्त्री की मानसिकता में बदलाव के साथ समाज को बदलकर रख दिया। आज स्त्री सशक्तीकरण पर ज़ोर दिया जाता है, स्त्री को सशक्त बनाने की पहल बाबासाहब आम्बेडकर ने की, वह स्त्री सशक्तीकरण के जनक थे। आज भारत की स्त्री पुरुष के सामान स्वतन्त्रता और समानता के साथ जी रही है, इसके पीछे बाबासाहब आम्बेडकर का महत्त्वपूर्ण योगदान है। बाबासाहब द्वारा स्त्री को शिक्षित और सशक्त बनाने का परिणाम है कि—

गाँव-सीमाओं को लाँघकर आने वाली
खेत-मिट्टी में मेहनत करने वाली स्त्री
अब केवल प्रश्न ही उपस्थित नहीं करती
बल्कि प्रश्न हल करना भी जानती है।

समाज में स्त्री की दयनीय स्थिति का बहुत बड़ा कारण उसकी कमज़ोर आर्थिक स्थिति है। सम्पत्ति पर पुरुष का स्वामित्व होता है, इस कारण स्त्री सम्पत्तिविहीन और पुरुष पर निर्भर रहती है। इसी स्थिति का लाभ उठाकर पुरुष स्त्री पर अपना आधिपत्य रखता है, उसका शोषण करता है। आर्थिक स्तर पर निर्भरता तद्जनित सामाजिक पराधीनता को सामाजिक परम्परा का निर्वाह मान बैठी स्त्री वस्त्र-आभूषण और विशेष अवसरों पर उपहार पाकर ख़ुश हो जाती है। इसे ही वह अपनी सम्पत्ति मानकर सन्तुष्ट रहती है। इस परम्परा-बोध ने स्त्री को शिक्षा और मानवीय अधिकार प्राप्त करने के प्रति सचेत और सक्रिय नहीं होने दिया। यह स्त्री की त्रासदी है कि—

स्त्री ही करती है परिवार का भरणपोषण
उसकी श्रमिक परम्परा से ही
लहलहाती है मिट्टी में फ़सल
घर की धारक बनाकर रहती है वह खड़ी
कभी खेतों में करती हुई मेहनत-मशक़्क़त
धूप में दबे-चीपे जीवन से
दो हाथ करते हुए
घर के पुरुषी वर्चस्व का करती है सामना
उस समय वह अकेली अपने खेत से बात करती है।

किन्तु धन्य है बाबासाहब आम्बेडकर जिन्होंने स्त्री की इस त्रासदी को महसूस कर उसे इससे मुक्ति दिलायी तथा शिक्षा सहित प्रत्येक क्षेत्र में उसे समान अधिकार दिलाने के साथ-साथ सम्पत्ति में पुरुष के समान अधिकार दिलाने के लिए संघर्ष

किया। अपने इस संघर्ष से उन्होंने स्त्री में आर्थिक रूप से सशक्त और स्वावलम्बी होने की भावना विकसित की। उसका ही सुखद परिणाम है कि आज स्त्री घर की चहारदीवारी से बाहर निकलकर स्वावलम्बी बन रही है तथा जीवन के प्रत्येक क्षेत्र में पुरुष के साथ कन्धे-से-कन्धा मिलाकर समानता और स्वतन्त्रता के साथ चल रही है। 'स्त्री भोग्या है' इस अवधारणा को भी स्त्री ने आज ध्वस्त कर दिया है और समाज को यह अहसास कराने में सफल हो रही है कि स्त्री केवल भोग की वस्तु नहीं है, उसका मानवीय अस्तित्व और गरिमा भी है। वारिस प्राय: सम्पदा का होता है। सम्पदा पर पुरुष का अधिकार का था तो पुरुष ही अपना वारिस चुन सकता था, किन्तु बाबासाहब द्वारा प्रदान कराये गये अधिकार से स्त्री आज अपना वारिस चुन सकती है। दम और घुटन के कारण जहाँ ज़रूरी समझती है, वह विवाह बन्धन को भी नकारती है। कवि सही कहता है कि—

जाति मस्तिष्क में ऐसी रच-बस गयी है
जो कभी जाने का नाम नहीं लेती
मृत्यु के दरवाज़े तक वह पीछा नहीं छोड़ती।

इस स्थिति से निम्न जाति के पुरुषों को ही नहीं जूझना पड़ता बल्कि स्त्री को भी जूझना पड़ता है। परम्परागत रूप से, जाति और पुरुष, वह दोनों के शोषण का शिकार रही है। इसलिए आज वह जातिसत्ता और पुरुषसत्ता, दोनों से टक्कर लेती हुई आगे बढ़ रही है।

अस्पृश्यता से बड़ा कोई दंश और दुख नहीं होता, यह समस्त मानवीय दुखों का बाप है। अस्पृश्यता के कारण मनुष्य अपने आप में इतना डरा, सहमा और सिमटा रहता है कि वह मनुष्य की तरह जी ही नहीं पाता है। क्योंकि अस्पृश्यता केवल शरीर के स्पर्श तक सीमित नहीं रहती, मन-मस्तिष्क और चेतना में समायी होती है। अस्पृश्यता का दुख क्या होता है, यह अस्पृश्य व्यक्ति ही जान सकता है। कवि के शब्दों में—

विश्व के सारे दुख
अस्पृश्यता के सामने रखे जायें
तो उसके वेदना की कराह/ऐसी उठेगी कि
मनुष्य के अन्य किसी भी दुख को
शरम से गर्दन झुकाकर ही/खड़ा रहना पड़ेगा।

बाबासाहब आम्बेडकर ने समाज और राष्ट्र को जड़ता से मुक्त कर उन्नत, प्रगतिशील और लोकतान्त्रिक बनाने हेतु विभिन्न क्षेत्रों में जितना सघन संघर्ष

किया, खेदजनक है कि उसे ठीक से कभी नहीं समझा गया। उनकी निरन्तर उपेक्षा की गयी। जड़ता और परम्परावादी अपने आग्रहों के कारण जान-बूझकर और परिवर्तन के आकांक्षी अज्ञानता और मिथ्या प्रचारों में फँसने के कारण बाबासाहब को ठीक से समझने में समर्थन रहे। कवि ने इस स्थिति को इन शब्दों में अभिव्यक्त किया है—

एक ही समय तू
कितने अलग-अलग स्तर पर विचार करता था
इसे जानने के बाद आश्चर्य होता है
परन्तु तेरे यह अनमोल विचार यहाँ।

ठीक ढंग से समझने की कोशिश ही नहीं की गयी तेरे विचारों का ठीक से अनुमान भी नहीं लगाया गया ...दूरदर्शी विचारों को स्वीकारना

इस मिट्टी ने सीखा ही नहीं
केवल अपनी मिट्टी कमज़ोर न निकले।
इस बात का ही रखा जाता है ध्यान।'

वस्तुत: बाबासाहब का रास्ता सच का रास्ता था, जो झूठ और पाखण्डों से दूर ले जाता था। वर्ण-जाति व्यवस्था ऐसी ही झूठ और पाखण्डपूर्ण व्यवस्था है। इसलिए सच को स्वीकार करने में वर्ण और जाति का अहं अवरोधक बन जाता है। जाति की अहमन्यता निम्न जाति के ज्ञान, प्रतिभा, विचार और सरोकारों को स्वीकार नहीं करती। अपनी वर्चस्व बनाये रखने के लिए वह झूठ और पाखण्डों को जीवित रखने के हर सम्भव प्रयास करती है। झूठ और पाखण्ड की दुनिया को बाबासाहब का सच स्वीकार नहीं हो सकता था। बाबासाहब आम्बेडकर के चिन्तन की एक बड़ी सार्थकता यह है कि उन्होंने केवल अधिकारों की बात नहीं की, बल्कि जिनके अधिकारों के लिए संघर्ष किया और अधिकार दिलाये, उनको कर्तव्यों का बोध भी कराया। क्योंकि अपने कर्तव्यों का उचित निर्वाह करनेवाला व्यक्ति ही प्रबल तरीके से अधिकारों की माँग कर सकता है—*कोई भी अपने कर्तव्यों की राह चलने वाला ही माँग सकता है/अपना अधिकार।*

भारतीय समाज में जिसे सनातन कहा जाता है और जिस सनातनता पर गर्व किया जाता है वह सामाजिक और आर्थिक रूप से शक्तिशाली और वर्चस्वशाली वर्ग द्वारा निम्न, निर्धन और निर्बल वर्ग के शोषण और उत्पीड़न की परम्परा है। इस सनातन परम्परा में सामाजिक श्रेष्ठता, सत्ता, सम्पत्ति और समस्त अधिकार दूसरों के

श्रम पर सुख और ऐश्वर्य का जीवन जीने वाली उच्च जातियों के पास हैं, श्रम करने वाले निम्न जातीय लोग सर्वाधिक अभावग्रस्त, अशिक्षित और अधिकारविहीन हैं।

लोग जानवरों की तरह मेहनत करते हैं
परन्तु वे अपनी भलाई का अर्थविचार नहीं करते
दरिद्रता में होता है अज्ञान
और ज्ञान में न होने दे वृद्धि
यही है यहाँ की सनातन परम्परा।

यह एकाधिकार जब तक नहीं टूटेगा तब तक निम्न जातियों की दशा में कोई सुधार नहीं होगा। कृषि भूमि के वितरण, उसे अधिक उपजाऊ बनाने के बारे में बाबासाहब आम्बेडकर के बहुत मौलिक विचार थे। उन पर ठीक से अमल हुआ होता तो आज समाज में इतना गहरा जातिभेद और वर्गभेद नहीं होता और न आज की तरह जाति और वर्ग-संघर्ष होता। कवि किसानों के हित-रक्षक के रूप में बाबासाहब को याद करता है—

"तूने खेती के वंशधरों को
दिलाया है न्याय....
हम ऐसे अभागे निकले
कि हमने अपनी भलाई का रास्ता ही नहीं किया निर्माण
और न तेरी कृषि-विकास की कल्पना को कर पाये साकार।"

लोकतन्त्र के महान पैरोकार और रक्षक बाबासाहब आम्बेडकर ने भारतीय संविधान से भारतीय गणराज्य को लोकतान्त्रिक बनाया और उस लोकतन्त्र को राजनीति तक सीमित न रखकर सामाजिक स्तर पर अमल में लाने के लिए प्रयास किये। किन्तु सामाजिक सत्ता पर काबिज़ वर्ग को लोकतन्त्र कभी स्वीकार नहीं हुआ। संविधान को असफल और अप्रासंगिक बनाने की कोशिशें निरन्तर ज़ारी हैं। आज संविधान का सरे-आम उल्लंघन और अपमान होता है। बहुत-से लोगों द्वारा संविधान को सार्वजनिक रूप से जलाया गया है। लोकतन्त्र की एक ही माँग है उन लोगों को भी समानता के स्तर पर लाना, जो सदियों से दबे-कुचले रहे हैं। उन लोगों को भी मानवीय गरिमा प्रदान करना जो पशुओं से भी गये-बीते माने जाते हैं। राजनीति में जिसे संविधान पर हमला कहा जा रहा है, वास्तव में वह बाबासाहब आम्बेडकर की वैचारिक चेतना पर हमला है, जो एकाधिकार को खत्म कर समानता की स्थापना करना चाहती है। कवि इस तथ्य को पहचानता है, इसीलिए वह कहता है—

तूने संविधान द्वारा जो विचार दिये हैं
उनका नहीं होता यहाँ अमल
उसे तोड़ देना चाहते हैं
एकाधिकार के मालिक।

वस्तुत: लोकतन्त्र सिद्धान्त से अधिक आचरण और व्यवहार का विषय है। हम लोकतान्त्रिक हैं या नहीं यह हमारा व्यवहार बता देता है। उदाहरण के लिए स्वतन्त्रता लोकतन्त्र का आधार है यह एक सिद्धान्त या विचार हो सकता है, किन्तु यथार्थ के धरातल पर लोकतन्त्र की सफलता इस बात पर निर्भर करेगी कि स्वतन्त्रता का उपभोग किस प्रकार किया जा रहा है।

आपको दी गयी स्वतन्त्रता का
आप किस रूप में स्वीकार करते हैं
इसी पर निर्भर रहता है लोकतन्त्र का टिके रहना
व्यक्ति के अधिकार और क्षमताओं का विकास
करने का नाम ही है लोकतन्त्र...
समाज में बड़े पैमाने पर न हो विषमता
हमारा विरोध करने वाले भी हों कार्यक्षम
इसी से निर्माण होगा
बहुमत के लोकतन्त्र का अधिराज्य।

कोई भी सिद्धान्त या विचार कितना ही अच्छा क्यों न हो वह सार्थक होता है उस पर उसी भावना से अमल किये जाने से ही। जातिविहीन समाज की स्थापना का बाबासाहब आम्बेडकर का विचार ऐसा ही युगान्तकारी विचार था। वह जातियों को ध्वस्त करने की बात करते थे। इसके लिए अन्तर्जातीय विवाह किये जाने की आवश्यकता थी। भिन्न-भिन्न जातियों के बीच रक्त सम्बन्ध बनने से ही जातियाँ टूट सकती हैं और जातिरहित समाज बन सकता है। किन्तु आज जातियों को तोड़ने के बजाय जातियों को मज़बूत करने पर अधिक बल दिया जा रहा है। जागरूक लोग भी जातियों से मुक्त न होकर, अपनी-अपनी जातियों के दड़बों के अन्दर से जाति-विरोध की बाँग लगाते दिखायी पड़ते हैं। जातिवादी लोग अपना जातिगत वर्चस्व छोड़ना नहीं चाहते इसलिए जाति तोड़ने में उनकी कोई रुचि नहीं है, जबकि जाति के दुष्परिणाम भुगत रहे निम्न जातियों के लोग उनके प्रभाव में आकर जाति-तोड़ने के प्रति उदासीन हैं। कवि इस त्रासदी को समझता है। इसलिए वह कहता है—

हम मात्र अपनी जाति-समूह को
एकत्र बाँधने में धन्यता मानते हैं
जाति के अन्त की अपेक्षा हमें
जाति के नायक-उन्नायक होने की पड़ी है।

बाबासाहब आम्बेडकर को लेकर दलित समाज आज द्वन्द्व का शिकार है। वे बाबासाहब को मानना तो चाहते हैं, लेकिन उनको मान नहीं रहे हैं। अत्यन्त उत्साह और जोश से बाबासाहब के नाम के जयकारे लगाये जाते हैं किन्तु उनके विचारों पर अमल नहीं कर पा रहे हैं। बाबासाहब ने विज्ञान और तर्क के रास्ते पर चलने का आव्हान किया किन्तु लोग धार्मिक पाखण्ड और अन्धविश्वासों में उलझे हैं। बाबासाहब ने मूर्ति पूजा को निरर्थक मानते हुए मूर्ति पूजा करने से मना किया, लेकिन लोग इस पर अमल करने के बजाये बाबासाहब को ही देवता और भगवान मानकर उनकी मूर्ति की पूजा करने लगे हैं। शहर-शहर, गाँव-गाँव में बाबासाहब की मूर्तियाँ स्थापित करने के प्रति उत्साह है, किन्तु बाबासाहब की किताबें पढ़ने, उनको विचारों को आत्मसात करने तथा स्कूल और पुस्तकालय खोलने के प्रति उतनी ही गहरी उदासीनता है। इस कारण बाबासाहब के नाम और मूर्ति पर अटककर उनके विचारों से दूर बने हुए हैं। कवि की सूक्ष्म दृष्टि ने इस सत्य को भी पहचाना है, तभी वह कहता है—

हम तेरे इतने अन्धभक्त हो गये कि
विरोधियों में हमारा और पराया कौन?
इसे जानना ही भूल गये
केवल तेरे नाम का ढ़ोल पीटते रहे...
तूने किया विरोध मूर्तिपूजा का
फिर भी हम
तेरी प्रतिमा की पूजा करते-करते
आधुनिक बाबा के भी भक्त बन गये
और देखते-देखते
हमारे ही घर में हम
तेरे विचारों से भी कैसे दूर होते गये
हमें पता ही नहीं चला।

इसी तरह का एक द्वन्द्व बुद्ध और बौद्ध धर्म को लेकर भी है। कबीर की इस

बात को प्राय: सब मानते हैं कि गुरु का स्थान भगवान से भी ऊँचा होता है। इस सम्बन्ध में कबीर का यह पद बहुत विख्यात है—

गुरु गोविन्द दोऊ खड़े काके लागौं पाय।
बलिहारी गुरु आपने गोविन्द दियो बताय।।

दलितों ने भी बुद्ध और बौद्ध धर्म को बाबासाहब से ही जाना। इसलिए बुद्ध से अधिक महत्त्व बाबासाहब का है। दूसरे, बाबासाहब आम्बेडकर ने बौद्ध धर्म को ज्यों-का-त्यों स्वीकार नहीं किया, अपितु साथ माने अपनी बाईस बातों को उसके साथ जोड़ा, जिन्हें बाईस प्रतिज्ञा के नाम से जाना जाता है। आधुनिक भारत में बाबासाहब आम्बेडकर की बाईस प्रतिज्ञाओं के साथ ही बौद्ध धर्म को समझा और स्वीकार किया जा सकता है, उसके बिना नहीं। कवि इस बारे में बहुत सही कहता है—

मुझे पहले तू मिला बाद में बुद्ध
तुझसे मिलने के बाद समझ में आया कि
तुझसे मिलना ही बुद्ध से मिलना है
और बुद्ध से मिलना यानी
दीन-दलितों पर जीवन के अन्त तक प्रेम करना है।

बुद्ध के साथ चमत्कारों की कथाएँ पहले से ही प्रचारित की जाती रही हैं। जातक कथाएँ इसका ज्वलन्त प्रमाण हैं। बुद्ध ने पुनर्जन्म को नकारा था, किन्तु जातक में बुद्ध के पूर्व जन्मों की कथाएँ हैं, जो बुद्ध धर्म में पुनर्जन्मवाद को स्थापित करती हैं। कहने की आवश्यकता नहीं है कि बौद्ध लोग बहुत श्रद्धा और विश्वास से जातक-कथाओं को कहते और उनका उल्लेख करते हैं। बाबासाहब द्वारा बौद्ध धम्म दीक्षा के बाद जब से दलितों में बौद्ध धर्म को अंगीकार करने के प्रति रुझान तेज़ी से बढ़ा है, बौद्ध धर्म के साथ ऐसे सभी चमत्कार और अन्धविश्वास जोड़कर प्रस्तुत किये जा रहे हैं, जो हिन्दू धर्म और अन्य धर्मों में हैं और जो नित्यता को स्थापित करते हैं। ये बुद्ध के विचारों के सर्वथा विपरीत हैं। बुद्ध न चमत्कारों को मानते थे और न आस्था और अन्धविश्वासों को। उन्होंने तर्क, विज्ञान और विवेक की कसौटी पर परखकर ही किसी भी बात या विचार को स्वीकार करने का आग्रह किया है। तर्क, विज्ञान और विवेक से दूर होना तथा चमत्कार और अन्धविश्वासों को मानना ही मानसिक दासता है। इस दासता के रहते जीवन में सुधार की कोई सम्भावनाएँ नहीं हैं। कवि यह सोचता है कि—

क्रान्ति की बात यदि छोड़ भी दें
तो कम-से-कम उपेक्षित जनों को
ग़ुलामी का अहसास हुआ होता
सभी एकसंघ हुए होते
और अन्याय करने वाली प्रवृत्ति के विरोध में
एकसंघ होकर आवाज़ उठायी होती।
परन्तु ऐसा नहीं हुआ, इसलिए आज मानसिक
ग़ुलामों की संख्या बढ़ रही है
और इस बढ़ती संख्या के साथ-साथ
अन्याय की शृंखला भी बढ़ रही है।

एक ही थीम पर केन्द्रित कविताओं के संग्रह हैं, लेकिन एक ही कविता की पुस्तक मैंने नहीं देखी है। यह कविता पुस्तक एक ही कविता है। बाबासाहब आम्बेडकर के जीवन, कार्य और विचारों पर भी बहुत-सी कविताएँ अनेक कवियों ने लिखी हैं। किन्तु यह कविता इस अर्थ में विशिष्ट है कि बाबासाहब के जीवन तथा उनके द्वारा समाज और राष्ट्र के लिए किये गये कार्यों की विवेचना और व्याख्या करती है। कवि अजय कांडर के इस प्रयास की सराहना करनी होगी। कवि के साथ-साथ इस कविता का हिन्दी में अनुवाद कर हिन्दी पाठकों तक पहुँचाने वाले डॉ. सुधाकर शेंडगे भी प्रशंसा के पात्र हैं। हिन्दी के पाठकों को अनुवाद की भाषा में कुछ खुरदरापन लग सकता है। इसका कारण यह है कि अनुवादक का मराठी भाषी होना है और इस कारण उसकी हिन्दी पर भी मराठी भाषा और व्याकरण का सहज प्रभाव है, जो बहुत स्वाभाविक है। इसलिए भाषा का यह खुरदरापन अखरता नहीं है, अपितु एक अलग तरह का आस्वादन प्रदान करता है। कामना करता हूँ कि हिन्दी साहित्य जगत में इस पुस्तक का स्वागत होगा। इस कविता संग्रह के प्रकाशन के लिए कवि अजय कांडर और अनुवादक सुधाकर शेंडगे को हार्दिक बधाई और मंगल कामनाएँ।

—डॉ. जयप्रकाश कर्दम
नयी दिल्ली,
06 दिसम्बर, 2022

युग-युग से तू ही

युग-युग से तू ही
तूने तेरे भक्त होने के
सारे विचारों को नकार दिया
फिर भी मैं गाता रहा
तेरी भक्ति का ही अप्रतिम गीत
तेरे विचारों की उँगली पकड़कर
चलते समय समझ में आया कि
यहाँ की प्रकृति के अनुसार जीना
मतलब तेरा ही बार-बार
विचारों के बीज से अंकुरित होना है।

तुझे कहते हैं
दलितों का मुक्तिदाता
तूने ही जगाया है
शोषितों में आत्मविश्वास
और तेरे ही बदौलत पाया है
हर किसी ने जीने का अधिकार
पर तेरी बतायी राह ही इतनी सरल कि
जिस पर चलने से
समझ में आया
कि हर मानव करें मानव से प्रेम
तेरी राह इतनी सही कि
कहीं भी नहीं बजी ख़तरे की घण्टी
तेरा विचार इतना सीधा, सरल कि
दूसरों को भी ले जा सके अपने साथ

दुनिया बदली
बदल गया इन्सान भी
इन्सान की इस वृत्ति-प्रकृति के आवर्तन में
इन्सान जब अकेला ही जीने लगा
तब-तब वहाँ मैं तुम्हें ही देखता रहा
सभी अहंकारों का परित्याग कर
हर इन्सान को इन्सान के खातिर
ही जीना ज़रूरी है
यह तेरा विचार ही अंकुरित होता रहा
समूह को छोड़कर जीने वाले लोगों में भी।

मनुष्य अकेला नहीं होता
वह होता है समष्टि के साथ
इसीलिए ही तूने कहा–
शिक्षित हो जाओ
शिक्षित होकर ही पाना पड़ता है सबकुछ
आख़िरकार मैंने समूह को आवाज़ दी
और हरेक की धमनियों में बहते ख़ून की
करता गया जाँच
तो पाया कि सभी ओर यत्र-तत्र
सर्वत्र तेरा ही ख़ून दिखायी दिया
क्योंकि–इस दुनिया में
अकेले तुम ही हो
जिसके ख़ून में मुझे कहीं भी
न जाति, न धर्म, न पन्थ
न ईश्वर कहीं दिखायी दिया।

जाति और धर्म से
बहता-धधकता रहता है ख़ून
और उसी ख़ून के साथ चिपके आते हैं
रिश्ते-नातें–न जाने क्या-क्या!
अस्मिताओं की चिंगारियाँ इतनी भड़कती-फड़कती रहती है
यह अस्मिता ही इस दुनिया की कब दुश्मन बन जाती है
पता ही नहीं चलता हमें
ऐसी अस्मिताओं की आग से तूने ही बचाया है मुझे
और मैं मुक्त हो गया
बन्द दराजों के क़ैदखाने से।
ऐसा कहा जाता है कि
निर्मल जल की भाँति जीना आ जाये मनुष्य को
सभी भेदा-भेदों से परे जाकर
तभी इन्सान के रूप में खड़ा हुआ जा सकता है।

मैंने यह सुना था कि
पानी का रंग नहीं होता
न ही कोई स्वाद
और पानी पवित्र-अपवित्र
जैसी कोई चीज नहीं होती
फिर भी
पानी होता है
आशा,
निराशा
समूह-अस्तित्व की छायाओं का खेल
सदी-दर-सदी आगे बढ़ने वाले
इस चराचर जीवसृष्टि की प्राण-ज्योत

इसलिए तूने पानी को 'चवदार' बनाया
और प्यास से बढ़कर पानी होता है–
जीने की अस्मिता
यह तो तूने ही साबित कर दिया।
मुझे हमेशा ऐसा लगा कि
जिन्होंने फैलायी पानी में
विषमता की विष-वल्लरियाँ
उनके विरोध में तू खड़ा रहा
परन्तु
तेरे विचारों का अनुगमन करने पर
यह समझ में आया कि
तू नहीं था किसी के भी ख़िलाफ़
तू तो था केवल इन्सान के पक्ष में
तू कितना सहज जीता रहा प्रकृति के साथ
जहाँ पशु-पंछियों को भी मिल जाता है पानी
पर नहीं मिल पाया कभी इन्सान को यही पानी
इसी वेदना की कसक लिए धड़कती–
फड़कती धमनियों को लेकर तू जीता रहा।
जन्म-जन्मान्तरों से ज़िन्दगी का 'अतल-तल' खोजते-खोजते
बेबस ज़िन्दगी जीने वाले सभी की प्यास बूझ सके–
यही तो थी तेरी प्यास

केवल इसीलिए भी नहीं था
तेरा संघर्ष
जहाँ पानी के लिए
इन्सान ही इन्सानों के बीच
कर देते हैं दीवारें खड़ी भेदा-भेदों की।
इन दीवारों को हटाने के लिए–
तू करता रहा 'विद्रोह' जीवन भर

तुझे अच्छी तरह से यह मालूम था कि
सर पर टँगी डर की तलवार लेकर
घूँट भर पानी पीते हुए
नहीं समझ में आता पानी का मतलब
पर एक वर्ण और एक जाति को ही
तूने नहीं समझाया पानी का मतलब
बल्कि सदियों के प्यासों की प्यास बुझाकर
तूने कर दिया सभी को तृप्त
नहीं रुका तू यहीं–
बल्कि पानी जैसा साफ़-सुथरा मन
हो हरेक के पास–
यह सन्देश भी तूने दिया सारी दुनिया को

इसलिए ही मुझे तेरे विचारों का
डर लगा रहता है
पानी अर्थात
निर्मल मन, निर्मल आचार-विचारों की प्रतिमा
तेरे इन्हीं विचारों के अनुगमन से
अपने-आपको विकसित करने का
प्रयत्न करने पर
तेरे विचारों में फँसने के बजाय
तेरी प्रतिमा में ही फँस जाता हूँ–
मुझे कौन फँसा रहा है?
या मैं ही उलझ रहा हूँ?
तेरे नाम का 'ग़ैर-इस्तेमाल' कर रहा हूँ
अपने सपनों को पूरा करने के लिए।

इस दुनिया में जब तक होगा मनुष्य
और जब तक होगी यह जीव-सृष्टि
तब तक यह 'प्यास' ऐसे ही रहेगी

और जब तक बची रहेगी प्यास
तब तक इस दुनिया में–
तू भी अवश्य बचा रहेगा।

लोग केवल अपने बारे में सोचते हैं
अपने मतलब के आस-पास ही काटने लगते हैं चक्कर
अपने ही पैरोंतले की ज़मीन भी काट नहीं सकते
इसलिए अपने ही घर का अँधेरा
दूर करने की कोशिश में लगे रहते हैं जीवन-भर
दूर करने का प्रयत्न करते रहते हैं
पर तू तो इन सबसे बड़ा अलग निकला
तूने अँधेरे से उजियारे की ओर
बढ़ते हुए
इन अँधेरे में फँसे बेबस
असहायों पर दूर से प्रकाश ही नहीं फहराया
उनके काँपते-थरथराते
हाथों में ही थमाया–
अपने विचारों का एक नया जलता दीया।

मनुष्य-का-मनुष्य से भी नहीं था
मनुष्य-सा व्यवहार
मिट्टी-पत्थर-कंकड़ का भी मोल नहीं था
उनको, उनके जीवन को
मवेशख़ानों में पड़े जानवरों की

पीठ पर भी फ़ेरें जाते हैं हाथ प्रेम से
पर वहीं पर पड़े मिट्‌टी-गोबर का मूल्य
नहीं था मनुष्य के जीवन को
छपरों में ढोर-डांगर पर
रखा जाता था जो ममता भरा हाथ
वहीं वे पड़े रहते थे
गोबर-मिट्‌टी की तरह

शायद यह मिट्‌टी ही देती उनको सहारा
पर पैर रख सके ज़मीन पर
इतना टुकड़ा भी नहीं आया उनके हिस्से में
इसीलिए
मिट्‌टी का मोल जानते हुए भी
मिट्‌टी-पलित हो गया उनका जीवन
उन्हें यह भी पता नहीं था कि
जीवन नाम की भी कोई सुन्दर चीज़ होती है!
उनको लगता था कि
ऊँचे जाति-समूह की इस दुनिया में
जन्म लेना ही सबसे बड़ा अपराध होगा उनका

इसलिए
जिन्होंने इन्सानियत को नकार कर
इन्सानों पर ही लगा रखी हो अपनी पैनी नज़र
और जिन्होंने वंचित रखा जीवन-भर
उनको वे लगते रहे केवल ग़ुलाम
ऐसे सभी को
तूने केवल जीने का ही अधिकार
नहीं दिया तो

तेरा बड़प्पन यह कि
सैकड़ों साल जिनके मन में
धधकती रही अन्याय की आग
वहाँ भी तूने
तेज की वर्तिका इस प्रकार प्रज्वलित की कि
वहाँ इन्सानियत की ही ज्योत जलती रही

इस देश के
हरेक वंचित के हृदय में
तेरी प्रतिमा इस प्रकार स्थापित हुई कि
जब सारा देश स्वतन्त्र-प्राप्ति के लिए
लड़ रहा था तब
देश की स्वतन्त्रता के लिए लड़ते-लड़ते
केवल तू और तू ही
व्यक्ति की स्वतन्त्रता के लिए भी
लड़ता रहा

तुझे केवल मनुष्य ही महत्त्वपूर्ण लगा
मनुष्य का जीना ही अपना लगा
तेरे उस समय के वे शब्द
आज सौ-प्रतिशत सही साबित हो रहे हैं
तूने कहा था
देश की स्वतन्त्रता तो महत्त्वपूर्ण है ही
परन्तु मनुष्य को ग़ुलामी से मुक्त करना भी
उतना ही महत्त्वपूर्ण है

देश एक ही बार स्वतन्त्र होता है
और उसके क़दम बढ़ते रहते हैं

प्रगति की ओर
किन्तु मनुष्य को
ग़ुलामी से मुक्ति पाने के लिए
लगते हैं हज़ारों साल
पहले स्वतन्त्रता का महत्त्व
समझाना पड़ता है और
स्वतन्त्रता के विचार का उसके मन में
बीजारोपण करने के लिए
वह ग़ुलाम है यह भी
उसके मन पर बिम्बित करना पड़ता है

तेरे यह विचार लेकर ही
क्रान्ति होगी
ऐसा मुझ जैसे अनेक अनुयायियों को लगा
ऐसा लगना स्वाभाविक भी था
क्रान्ति की बात यदि छोड़ भी दें
तो कम-से-कम उपेक्षित जनों को
ग़ुलामी का अहसास हुआ होता तो
सभी एकसंघ हुए होते
और अन्याय करने वाली प्रवृत्ति के विरोध में
एक संघ होकर आवाज़ उठायी होती
परन्तु ऐसा न होने से
आज भी
ग़ुलामों की ही संख्या बढ़ रही है
और इस बढ़ती संख्या के साथ-साथ
अन्याय की शृंखला भी बढ़ रही है

ऐसे लोगों को लेकर
कितनी गहरी सोच थी तेरी

समाज की आख़री कतार में खड़ा
आख़री आदमी
जब तक विचारों से स्वतन्त्र नहीं होता
तब तक इस देश की स्वतन्त्रता का
कोई अर्थ नहीं है–
ऐसा ही तुझे लगता रहता।

जाति की सड़ी जख़्म
जिनके मन में रिसती-ग़लती रही
उन्हें भी मालूम नहीं था कि
अपने जीवन की अस्पृश्यता ही
दुनिया का सबसे बड़ा दुख है।

मनुष्य जीवन के
दुखों का विभाजन करते हुए
विश्व के सारे दुख
अस्पृश्यता के सामने रखे जायें
तो उसकी वेदना की कराह
ऐसी उठेगी कि
मनुष्य के अन्य किसी भी दुख को
शरम से गरदन झुकाकर ही
खड़ा रहना पड़ेगा

दुख में आदमी को नंगा होते हुए
सभी देखते रहते हैं
अथवा
यह भी हरेक के जीवन में
आता है कि
दुख को पार किये बिना

सुख की पगडण्डी पर
पाँव भी नहीं रखा जा सकता।

जिनको मिलती है ऐसी पगडण्डी
वे समझते हैं अपने आपको भाग्यवान
वहीं करते रहते हैं हिसाब
पाप और पुण्य का
और अपने को ख़ुशनसीब मानकर
गुर्राते रहते हैं जीवन-भर

परन्तु जिन्हें करता है दुख नंगा
वे भी महान होते हैं
उन्हें कम-से-कम सहारा तो मिलता है
किसी की सहानुभूति का

परन्तु जो समाज की नज़र में
पैदाइशी नंगापन लेकर आये हैं
और समता की कोई भी सम्भावना
न होते हुए जिनको
जीवन-भर नंगा रहना पड़ा
उनके दुखों पर
तूने केवल मरहम ही नहीं लगाया
बल्कि आत्मसम्मान ही दुख से
बहुत बड़ी बात है
यह भी तूने समझाया
गर्व में पड़े उस हर किसी को

ज़िन्दगी भले ही नंग-धडंग हो
क़ीमती कपड़ों में सज-धजने वालों की अपेक्षा
खड़ा हुआ जा सकता है
सरे-आम, भरे-बाज़ार में चौराहे पर
अपना सर ऊँचा उठाये
यह विश्वास ही जगाया तूने
शोषितों के दिलों में

मैं जब इन बातों को
जान गया तो
मेरे यह ध्यान में आया कि
दुनिया की किसी भी लड़ाई से
व्यक्ति की स्वतन्त्रता की लड़ाई ही
सबसे बड़ी होती है
उसे जानने के लिए
संघर्ष करने की तैयारी करनी पड़ती है
और जीवन में किसी बात को लेकर
हार नहीं मानने वाली
बनानी पड़ती है मानसिकता।

तेरे कारण ही मैं जान पाया
स्वतन्त्रता का मोल
और उसके लिए किया गया संघर्ष,
स्वतन्त्रता की प्रतिबद्धता उसे हासिल करने के लिए
आत्मसात की जाने वाली निर्णय क्षमता।

दुनिया की अन्य कोई भी स्वतन्त्रता
संगठित समूह द्वारा प्राप्त की जा सकती है

किन्तु व्यक्ति की स्वतन्त्रता
व्यक्तिगत तौर पर ही
प्राप्त करनी पड़ती है, लड़ते हुए।

इसीलिए ही
मेरे वतन की आज़ादी की लड़ाई में
दिया तेरा योगदान
और उसके बाद यहाँ के हरेक को
तूने जो संवैधानिक स्वतन्त्रता प्रदान की
इस बात का मोल बड़ा होते हुए भी
मेरे जीवन में वह अनमोल होते हुए भी
मैं उसे शब्दों में नहीं बाँध सकता।

पर तूने ही तो कहा था कि
स्वतन्त्रता को समझने के लिए
पहले विचारों में प्रगल्भता आनी चाहिए
प्रगल्भता के लिए
होना पड़ता है अज्ञान से मुक्त
और ज्ञान की भूख मिटाने के लिए
पहले पढ़नी पड़ती हैं किताबें
पर हमें आज़ादी दिला देने के बावजूद
हमारी मानसिकता देखो
कि सारी किताबें सजाकर रखी हैं
अलमारियों में 'शो-पीस' की तरह
दूसरों पर रौब झाड़ने की ख़ातिर आज भी
किताबों में लिखे गये उन पृष्ठों पर
नज़र घुमाने का हम साहस भी नहीं दिखा पाते–
हम जानते हैं अच्छी तरह कि
तेरे विचारों का बोझ भी हम नहीं उठा पायेंगे

क्योंकि हमारी रीढ़ की हड्डी नहीं है उतनी मज़बूत
तेरे लिखे किताबों की संख्या देखकर
हम झुक गये हैं पहले ही
कब से बैठे निहार रहे हैं तेरी किताबें ही...

परन्तु
पुस्तकें पढ़ने के बजाय
केवल शो-केस में रखने के लिए ही
ख़रीद ली हो तो
पुस्तकें गुम होने की सम्भावना ही नहीं होती
हाँ उन्हें दीमक लगने की सम्भावना
अवश्य होती है ऐसे समय में
पुस्तकें न पढ़ने पर
जब उनको लगती है दीमक
तो यह समझना चाहिए कि
हमारी ज़िन्दगी को ही दीमक लगी है
मस्तिष्क के बधीर नहीं होने पर भी
मस्तिष्क न होने का अहसास ही नहीं होता
इतना हम दिग-भ्रमित हो जाते हैं।

किताबों के प्रति प्रेम उपजे
ज्ञान की लालसा जगे
यह गुनगुनाते हुए होता रहेगा भ्रमण
और निरन्तर पठन से होने लगेगा विचारों का मन्थन
तब कहीं होगा संचारित तुम्हारा विचार
लहू के हर क़तरे-क़तरे में।
किन्तु
हमने तो केवल प्रास्ताविकी के
पन्ने उलट-पुलट कर ही धन्यता मान ली

'एक विचारक' के रूप में
और बन्द शो-केस में पुस्तकें सजाकर
बना जा सकता है महान, कमाई जा सकती है
इज़्ज़त और प्रतिष्ठा
इन अक्षरों की दुनिया में–
यह भी हमने चलते-चलते अनुभव से ही सीख लिया।

फिर भी
जितनी होती है जीने की अदम्य लालसा
उतनी ही होती है–अभिव्यक्त होने की आस
तेरी प्यास
जब-जब अलमारी से एक-एक निकलने लगती है बाहर
तो तू ही उन पुस्तकों में हो जाता है बन्द
तब वे पुस्तकें केवल तेरा साथ ही नहीं निभातीं
ज़िन्दगी को खोलकर रख देती हैं
तुम्हें समझाते हुए और तेरा इतिहास, भूगोल
और भविष्यकाल भी–
तुझे फिर से परखने के लिए

तूने ही
दी मुझे ईश्वर को नकारने की
समझ और
तुझे फिर से परखने के लिए
तेरे बुद्धि की प्रखरता
नकारना ही चाहिए भाग्य को
क्योंकि भाग्य से कुछ भी नहीं मिलता
यह भी तूने ही तो समझाया हमें
लोग लड़ते-झगड़ते रहते हैं अपने अधिकारों के लिए

वे क्या पाना चाहते हैं इस लौकिक जीवन में
ज़िन्दगी के अन्त तक यह भी
वे नहीं समझ पाते
स्वार्थ की अभिलाषा में लिप्त
वे बन जाते हैं आत्म-केन्द्रित
हो सके तो नौटंकी भी करते हैं
सार्वत्रिक होने की
कर्तृत्व से ही मिलता है अधिकार
यह भी तेरे कर्तृत्व के कारण ही समझ पाये हम

केवल भावनाओं का शिकार न होकर
सद्भावनाओं को रखना पड़ता है सहेजकर
अन्यों के लिए
'अपना' ऐसा तो कुछ भी नहीं होता
हम होते ही हैं सार्वजनिक
इस भावना का बीज
तूने ही तो बोया हमारे मन में
तब कहीं हमारे ध्यान में आया कि
पहले हम में जो पराधीन मानसिकता है
उसे करना होगा दूर
तब कहीं श्रद्धा की अपेक्षा पूरे विश्वास से
अपने कर्तव्य करने की नियत से
हम बन जाते हैं दूसरों के पालनहार
यह भी हम समझते गये
इसीलिए
हमने तुझ में देवत्व नहीं ढूँढ़ा
तूने जिस प्रतिमा को बुद्ध कहा
उस विट्ठल का रूप भी हमने

तुझ में नहीं खोजा
तू केवल हमें एक मनुष्य लगा
मनुष्य के लिए संघर्ष करने वाला
इसीलिए ही तो तू मेरे लिए बन गया महामानव
एक 'युग नायक'

दादी कहती थी
जिस घर में स्त्री की रक्षा होती होगी
उस घर को अपना ही घर समझना चाहिए
और
जो महापुरुष स्त्री की स्वतन्त्रता के लिए
रहेगा संघर्षरत
उसे समझना चाहिए सारे समाज का
उसे भी कहाँ पता था कि
वह उसके ही सम्बन्ध में बोलती रही होगी
अनेक वर्षों से
दादी ने किया संघर्ष गाँव के विरोध में
स्त्री के सम्मान के लिए
और उसने कहा–
स्त्री दलित हो या पददलित
दोनों एक जैसी होती हैं
दोनों को भी जीवनभर
कमज़ोर समझा जाता है
उस समय दादी फिर से समझाती
वह कहती–
दलित कभी कमज़ोर नहीं होता
वही तो है सदियों से इस भूमि का रखवाला
इस भूमि का अधिस्वामी
और औरत ही इस भूमि की 'संस्कृति'

हमारी ही सांस्कृतिक परम्परा को
हम नहीं पहचान पाये ठीक से
इसीलिए अपने अस्तित्व को
रेखांकित करने वाली परम्परा को भी
हम कोसते रहें
परम्परा ही बुरी होती है
इस कोताही मानसिकता में जीते रहें
इसलिए तो सच्चे भूमिपुत्र गौतम बुद्ध को भी
हमने अपने कृति से कभी अपना माना ही नहीं
केवल मुख से उसका नाम लेते रहे
और अपने सच्चे अनुयायी होने का दावा करते रहे।
परन्तु जहाँ-जहाँ होता है स्त्री का सम्मान
वहाँ-वहाँ हमारी बुद्ध से होती है भेंट
जो सामान्य होता है, वही करता है क्रान्ति
यह तेरी ही विचारधारा
दादी के ख़ून के साथ बहती आयी मुझ तक
शायद इसी कारण
अब बुद्ध ही हमारे लिए प्राणों से प्रिय कहते हुए
मुझे भी मिले एक स्त्री का ही कलेजा
ऐसी प्रार्थना करता रहा आज तक

तूने प्रदान की—स्त्री को स्वतन्त्रता
और स्त्री के संसार का हित भी देखा
यही तो वह जगह है, जहाँ तुम अन्यों से अलग सिद्ध होते हो
स्त्री के सुखों की खोज करने वाला
उसकी पराधीनता को दूर करने वाला
सम्पूर्ण स्त्री जाति के अस्तित्व का समर्थक

इसीलिए ही तो तूने
पति-पत्नी की गृहस्थी का कल्याण हो
इस आस्था को बनाये रखा अपने मन में
और स्त्री के विरोध में चल रही धर्म परम्परा
उखाड़ कर फेंकने का साहस भर दिया स्त्रियों में
उसके अस्तित्व को ही ख़त्म करने वाली
परम्परा की बेड़ियों को भी तोड़ दिया
और उसके सामने खड़ा किया
धर्मचिकित्सा का प्रश्न
इसलिए कि
धर्म मनुष्य के लिए है या मनुष्य धर्म के लिए?

स्त्री ही होती है संस्कारों की गठरी
स्त्री ही दिखा सकती है
दुर्जनों से दूर रहने का सही रास्ता
स्त्री ही जगाती है
अन्यों के मन में महत्त्वाकांक्षा
यह आत्मविश्वास भी जगा दिया है
तूने उसमें
स्त्री के कार्य-कर्तृत्व की बातें
तूने बतलायी है बार-बार
सम्पत्ति की अपेक्षा महत्त्वपूर्ण होता है कर्तृत्व
अपमार्ग से ही ग़ुलामी का रास्ता जाता है
एक स्त्री की ग़ुलामी से ही
आगे की अनेक पीढ़ियों को
स्वीकारनी पड़ती है ग़ुलामी
इसीलिए ही तू
देवदासी, मुरली, जोगतिण

और कुँवारी माताओं का भी हो गया पिता!
वैसे अपनी बुद्धि-चतुरता के कारण
तू सबका बाप तो था ही
परन्तु यहाँ तो तू
इस मातृ-हृदय का भी 'बाप' निकला!

तूने कहा–
स्त्री अपने पति की कभी भी दासी ना बने
कितनी सहज भाषा में तूने
स्त्री को समता का तत्त्व समझाया
परिवार की इस समता की राह से ही
खुल जाते हैं–बाहर के रास्ते
एक स्त्री के लिए
पुरुषी नज़रिये में ही होता है भेदों का कीड़ा
स्त्री तो जन्मना ही
होती है ग़ुलाम भेदों की
इसीलिए ही तो उसकी
समता की संवेद्यता जाग्रत रहती है हमेशा
जब-जब धर्म के नाम पर होते हैं कत्ले-आम
तो वह पुरुषों की भाँति
कभी भी इस बात का उच्चारण नहीं करती कि
वह कौन था? हिन्दू-मुस्लिम या बुद्ध-ईसाई
उसे दुख होता है मनुष्य के मरने का
वह मनुष्य की संवेदना को ही जीते रहती है सदा के लिए।

तूने ही दिया उसे अधिकार लोकतन्त्र का
उसे अपनी अभिव्यक्ति का
उसे दिखा दिया सही रास्ता
फिर भी उस पर होने वाले अत्याचारों की

परिसीमाओं का कोई अन्त नहीं है
जाति-वर्ग के आधार पर बढ़ता जाता है अत्याचार
उसमें बढ़ती रहे पराजित मानसिकता
उसमें ना बढ़ पाये आत्मविश्वास का बल
वह माँ, बहन, एकनिष्ठ पत्नी ना रह पाये
वह बन जाये केवल एक उपभोग्या वस्तु
इसलिए रची जाती है मनगढ़न्त कहानियाँ और षड्यन्त्र
अब तो खुलेआम होना चाहिए जागरण
लोकतन्त्र का जिसका हक़ तूने उसे दिया है।

तूने जब शुरू किया वंचितों के लिए संघर्ष
उसी उसय तेरा स्त्री की स्वतन्त्रता के लिए भी
जारी था संघर्ष
पुरुषों के मंच पर
तूने सम्मान के साथ बिठा दिया एक स्त्री को
स्त्री के अधिकारों के लिए किया परिषद का आयोजन
और स्त्री जाति को करा दिया अहसास
अधिकारों-कर्तव्यों और ज़िम्मेदारियों का
इसके द्वारा होने वाले उसके विकास का
तुझे यह अच्छी तरह से पता था कि
कोई भी अपने कर्तव्यों की राह चलने वाला ही माँग सकता है
अपना अधिकार!
अपने अधिकारों का अहसास होने के बाद ही
क़दम बढ़ जाते हैं विकास की दिशा में
इसको सम-तल पर लाने की दृष्टि से ही
तूने समझाया है स्त्री को शिक्षा का महत्त्व
तेरा यह रास्ता इतना दूरदर्शी था कि
गाँव-सीमाओं को लाँघकर आने वाली

खेत-मिट्टी में मेहनत करने वाली स्त्री
अब केवल प्रश्न ही उपस्थित नहीं करती
बल्कि प्रश्न हल करना भी जानती है
और पुरुषों के अधिकार भी लेती है हाथ में
उसे नहीं होता पुरुषों पर
वर्चस्व स्थापित करने का आनन्द,
वह तो केवल इतना भर चाहती है कि
उसे पुरुष की बराबरी में
मनुष्य के रूप में स्वीकार किया जाये
उसे भी इस बात का पता है कि
मनुष्य के रूप में न स्वीकारने की
दुष्ट पुरुष सत्ता की कुप्रवृत्ति की
निन्दा करने से काम नहीं चलेगा
बल्कि पुरुष को भी अपने सम एक मनुष्य के रूप में
स्वीकारने के लिए अपने मन को भी ऊँचा उठाना होता है
हमने हल किये हुए
किसी भी प्रश्न के उत्तर में ही
वह संजोकर रखती है
केवल अपना स्व-स्वामित्व
क्योंकि तूने ही तो यह उसे समझाया कि
स्वायत्तता से ही स्व-स्वामित्व को सँभाला जा सकता है
और स्व-स्वामित्व से ही
आत्मसम्मान हो जाता है सार्वजनिक

तेरे हिन्दू कोड बिल की बातें
स्त्री ही बताये, एक पीढ़ी से दूसरी पीढ़ी को
आज मुक्त रूप से घूमने वाली स्त्री के माथे पर
तेरा ही तो साये का हाथ है।

उसी अभिव्यक्ति की स्वतन्त्रता के लिए
तू केवल वजह नहीं है
बल्कि सब कुछ करने वाला तू ही तो है
कितना बुरा लगता है न
जब दूर की सोच रखने वाले हमारे साथ न हो
लोग स्वार्थी ही होते हैं ऐसा नहीं है
ऐसा लगता है कि लोग धार्मिक उन्माद लेकर
तो जन्म नहीं लेते?
तुझे भी तो इसी अनुभव से गुज़रना पड़ा था न!
परन्तु स्व-धर्म परम्परा की अनिष्ठ रुढ़ियों को
न छोड़ने की मानसिकता में जीने वालों को
धर्म में दख़लअन्दाज़ी अखरती है
जीर्ण शरीर को छोड़ने का समय आने के बावजूद
वे नहीं देना चाहते थे स्त्रियों को उनका अधिकार
इन्होंने ही उसे देवी का रूप देकर
बना दिया भोग्या और दासी अनन्त काल के लिए
फिर स्वयं का निर्णय स्वयं लेने की विरोधी मानसिकता से
एक स्त्री की मुक्ति हो सकेगी?

बावजूद इसके हिन्दू कोडबिल में
तेरा योगदान इतना है कि
टुकड़ों-टुकड़ों में पास होने वाले इस बिल ने
समग्र हिन्दू स्त्री को दी परम्परा के जाल से मुक्ति
दे दिया उसे अपना हक़ और अधिकार
फिर वह जीवन-भर मनाने लगी
अपने अधिकारों का उत्सव
तेरे कारण ही बनी वे
अपने पैतृक सम्पत्ति की वारिस
तब कितना बड़ा गज़ब हुआ

अनेक शंकाएँ-आशंकाएँ जाग उठीं
अनेकों के मन में उपजे कई प्रश्न
ख़ून के रिश्तों को
ख़ून का रिश्ते से न जोड़कर
वारिस के रिश्ते से जोड़ने वाले तेरे अधिकारों का
कई लोगों को ग़ुस्सा आया
परन्तु आख़िरकार
उन्नति को साध्य करने वाली स्त्री को
तूने ही प्रदान किया है उसका अधिकार!

तेरे फ़ैसलों से
हमेशा मन में कौतूहल रहा
इर्द-गिर्द इतना घना अँधेरा होते हुए भी
तुझे कुछ दूरी पर ही नहीं
बल्कि अगले अनन्त कालों तक का
इतना स्वच्छ और स्पष्ट कैसे, क्या दिखायी देता था?
हम तो दिन के उजाले में भी अन्धे साबित हुए
तेरी दृष्टि जन्म से ही हमारे साथ
बढ़ती गयी जनसंख्या की क़तारें
गली-मोहल्लों में।
उसमें भी 'मैं' और 'मेरा' ये शब्द
अत्यन्त प्रिय लगने लगे हमें
तूने सब कुछ दिया सभी को
हम बन गये हमारे ही दुश्मन
हम भूल ही गये थे
तूने जो बनायी थी परिवार नियोजन की बातें
उसे अमल में लाने के लिए तूने
अपने साथ अपने चौदह रत्नों की
उनकी दरिद्रता की सुनाई थी कहानी

फिर भी हमने
अपनी दरिद्रता को प्रिय मानकर
अपने राष्ट्र की जनसंख्या बढ़ाने में
कोई कसर बाक़ी नहीं रखी
परन्तु इसमें दीर्घकालीन सुख
नहीं खोजा जा सकता
यह भी तूने ही हमको समझाया
'छोटा परिवार, सुखी परिवार' कहकर
हम समाज के लिए ही होते हैं
परन्तु अपने परिवार की ज़िम्मेदारी
हम नहीं डाल सकते समाज पर
अस्तु, समाज के कल्याण का रास्ता
छोटे परिवार से ही निकलता है
हमारी समझदारी में निहित होता है राष्ट्रहित
राष्ट्रहित से ही बनता है हमारा हित
इसी कारण ही तूने पूँजीवाद ही
जनता की दरिद्रता के लिए ज़िम्मेदार होता है
ऐसा कहने वाले विद्वानों को फटकारा है
और दरिद्रता के निर्मूलन के लिए
बढ़ती जनसंख्या को रोक लगाने का
मार्ग दिखाया है!
जन्म के साथ ही चिपक जाती है जाति
जन्म लेने वाले हरेक का ख़ून होता है एक जैसा ही
इतना आत्मपरीक्षण भी हम निरन्तर करते रहे
तो जाति की मानसिकता जाने में
समय नहीं लगेगा
और फिर यहाँ जन्म लेने वाला हरेक
केवल मनुष्य जाति का ही है

तो रोटी-बेटी का भेद किसलिए?
ऐसा भी घटित होता जायेगा
इसीलिए ही तूने कहा स्त्री को
समता की लड़ाई लड़ने के लिए
किन्तु स्त्री की जाति के अनुसार
बढ़ती जाती है परिसीमा उसके अन्याय की
स्त्री की भाषा के अनुसार
तय किया जाता है उसका समाज
स्त्री के आर्थिक स्तर के अनुसार ही
दिया जाता है उसे सम्मान
फिर सभी जातियों की स्त्रियों को
एक साथ कैसे भोगवस्तु समझा जाता है?

स्त्री के इसी वस्तुकरण को ही
तूने दिया नकार
और दे दिया उसे
अपना वारिस निश्चित करने का अधिकार
परन्तु कौन, कहाँ जन्म लेता है
इसी पर निर्भर करता है उसका सामाजिक स्तर
आज भी ऐसा ही होता है
क्योंकि जाति मस्तिष्क में ऐसी रच-बस गयी है
जो कभी जाने का नाम ही नहीं लेती
मृत्यु के दरवाज़े तक वह पीछा नहीं छोड़ती
इसी नज़रिये से
आज भी देखती है कोई स्त्री
और मर्दों की बराबरी में, उसके समान
जाति-पाँति के बन्धनों में फँसे विवाह-बन्धनों को
वह केवल ख़त्म करने की भाषा ही नहीं बोलती

बल्कि उन्हें ख़त्म करने के लिए वह मोर्चा सँभाल लेती है
क्या वह जानती होगी–स्त्री के अधिकारों को लेकर
उसका पूर्वसंचित

स्त्री ही करती है परिवार का भरण-पोषण
उसकी श्रमिक परम्परा से ही
लहलहाती है मिट्टी में फ़सल
घर की धारक बनकर रहती है वह खड़ी
कभी खेतों में करती हुई मेहनत-मशक़्क़त
धूप में दबे-चीपे जीवन से
दो हाथ करते हुए
घर के पुरुष से वर्चस्व का करती है सामना
उस समय वह अकेली अपने खेत से बातें करती है
इस समय उसे नहीं ज़रूरी होता किसी का सहारा
उसे ऐसा लगता है कि
अपने पसीने की बूँदों से
उग आये सनसनाती नयी पौध
स्त्री की इस उथल-पुथल का भी तूने किया विचार
एक ही समय तू
कितने अलग-अलग स्तर पर विचार करता था
इसे जानने के बाद आश्चर्य होता है
परन्तु तेरे यह अनमोल विचार यहाँ
ठीक ढंग से समझने की कोशिश ही नहीं की गयी
तेरे विचारों का ठीक से अनुगमन भी नहीं किया गया

समझते तो थे सभी
परन्तु 'सच' की राह पर कैसे चलें?
'सच' ही झूठों का नकाब फाड़ता है

तेरा कृषि-अर्थ विचार सत्य को ही प्रतिपादित करता था
परन्तु दूरदर्शी विचारों को स्वीकारता
इस मिट्टी ने सीखा ही नहीं
केवल अपनी मिट्टी कमज़ोर ना निकले
इस बात का ही रखा जाता है ध्यान
तो दूसरी ओर अपनी ही मिट्टी से फिसलते हुए
ध्वस्त होकर उस पार पहुँचना भी यहाँ चलता है
लोग जानवरों की तरह मेहनत करते हैं
परन्तु वे अपनी भलाई का अर्थविचार नहीं करते
दरिद्रता में ही होता है अज्ञान
और ज्ञान में न होने दे वृद्धि
यही यहाँ की सनातन परम्परा
यहाँ के लोगों को प्रिय लगती रही
इसीलिए ही सामूहिक खेती के साथ-साथ
ज़रूरत होती है—नित नये ज्ञान को अपनाने की
खेती के नये तरीक़े और तन्त्रों की
यह तेरी दूरदृष्टि यहाँ की राजनीतिक व्यवस्था के
पहले पड़ने वाली कहाँ थी?

तूने खोज लिया किसानों की दरिद्रता का कारण
खेत के छोटे-छोटे टुकड़ों में
विभाजन करने के लिए तूने दिया नकार
असल में यही होना चाहिए था
तेरे इस आग्रह पर यदि किया जाता अमल
तो आज किसान
मौत को गले लगाते नज़र नहीं आते
तूने खेती के वंशधरों को
दिलाया है न्याय

उस पर हमने अपना मालिकाना अधिकार जताया
पर ज़मीन के कसने पर ध्यान ही नहीं दिया।
हम ऐसे अभागे निकले
कि हमने अपनी भलाई का रास्ता ही नहीं किया निर्माण
और न तेरी कृषि-विकास की कल्पना को कर पाये साकार।

लोकतन्त्र का अर्थ समझाकर
तूने संविधान प्रदान किया
और हमें सही अर्थ में स्वतन्त्रता प्रदान कर
आचार-विचार पालन करने का रास्ता दिखाया
देश के संविधान का अर्थ ही है स्वतन्त्रता
हरेक नागरिक को अपना अधिकार माँगने का हक़
यानी स्वतन्त्रता
अपनी न्यायसंगत माँगों के लिए
सत्ता के विरोध में संघर्ष करना ही है स्वतन्त्रता
यह समझाते हुए तूने कहा था–
लोकतन्त्र का पौधा चहुँओर जड़ पकड़ेगा अपने आप
ऐसा भी नहीं कहा जा सकता
आपको दी गयी स्वतन्त्रता का
आप किस रूप में स्वीकार करते हैं
इसी पर निर्भर होता है लोकतन्त्र का टिके रहना
व्यक्ति के अधिकार और क्षमताओं का विकास
करने का नाम ही है लोकतन्त्र
यह तू समझाता रहा बार-बार
परन्तु हम इतने बदनसीब निकले कि
हममें छिपकर बैठी तानाशाही ही
चलाते रहे यहाँ-वहाँ

लोकतन्त्र के फल सब मिलकर चखेंगे तो
मीठे ही लगेंगे
परन्तु मीठे फलों में भी ज़हर भरने के लिए
लालायित हो गये हैं हम
जहाँ पौधे का भरण-पोषण होकर पेड़ फूलें-फलें
वहाँ हमने ही अपने हाथों से चलायी है कुल्हाड़ी
और अपनी छाँह से हुए हम पराये
तूने कहा था–
समाज में बड़े पैमाने पर न हो विषमता
हमारा विरोध करने वाले भी हो कार्यक्षम
उसी से निर्माण होगा
बहुमत के लोकतन्त्र का अधिराज्य
परन्तु हम संकुचित निकले
तूने जो संविधान हमारे हाथों में सौंपा था
वही हाथ उठाये हमने एक-दूसरों पर
हम जैसा चाहते थे
वैसे ही हमने अपनी सत्ता का केन्द्रीकरण कर
विरोधियों के नीति-विवेक को ही कर दिया ख़त्म
हम बहुत अधिक सुख में जी रहे हैं
तेरे द्वारा प्रदान किये गये लोकतन्त्र के नाम से।

तूने संविधान द्वारा जो विचार दिये हैं
उनका नहीं होता यहाँ अमल
उसे तोड़ देना चाहते हैं
एकाधिकार के मालिक
नये-नये धर्मान्ध केसरिया मठ स्थापित हो रहे हैं
धर्म का रंग देखकर हो रहा है कत्लेआम
अब तो हरेक को ऐसा लगने लगा है कि
अपने-अपने रंगों की रंगोली सजायी जाये चहुँ ओर

फिर भी सभी के आँखों के सामने
एक ही रंग का निशान लहराने की ख़ातिर
जान-बूझकर किये जाते उलटे-सीधे सायास-प्रयास
एक रंग, एक धर्म को मन में रखकर
जाति-धर्म-वर्ण की व्यवस्था
हम मात्र अपनी जाति समूह को
एकत्र बाँधने में धन्यता मानते हैं
जाति के अन्त की अपेक्षा हमें
जाति के नायक-उन्नायक होने की पड़ी है।
एक बार जातिनायक बनने पर
सर्वसमावेशक आन्दोलनों से चले जाते हैं दूर
हमें विभक्त होने का अहसास भी नहीं होता
और बाद में हम हमारा ही मत स्थापित करने लगते हैं
तेरे नाम पर!

तूने तो समविचारी विरोधियों के
गुणों का सम्मान किया है
उसी तरह ग़लतियों की आलोचना की है
हम तेरे इतने अन्धभक्त बन गये कि
विरोधियों में हमारा और पराया कौन?
इसे जानना ही भूल गये
केवल तेरे नाम का ढोल पीटते रहे
तूने स्वयं का परीक्षण करने को कहा
तो हम बन गये हमारे ही प्रेमी
दूसरों पर आशंका जताते हुए
एक-दूसरे से झगड़ते रहे
तूने किया विरोध मूर्ति-पूजा का
फिर भी हम
तेरी प्रतिमा की पूजा करते-करते

आधुनिक बाबा के भी बन गये भक्त
और देखते-देखते
हमारे ही घर में हम
तेरे विचारों से भी कैसे दूर होते गये
हमें पता ही नहीं चला!

यह कैसी भेदाभेद की खाई
दूर तक कितनी गहरी अथाह दिखायी दे रही है
अब तो दूर-दूर तक है अँधेरा
मनों-मनों में भेद या मत-मतान्तरों का भेद
कुछ भी न जान सके-समझ सके हम
ऐसी ही हवा बह रही है चहूँ ओर
विचारों की दिशा तो ग़ायब हो गयी है जीवन से
किस रास्ते पर चलें?
किस राह पाँव धरे
ऐसे प्रश्न पूछने वाले लोग अब भी मिलते हैं
मैं उन्हें बार-बार समझाता हूँ कि
तेरे विचारों की दिशा में चलने से
अँधेरे में भी साफ़ नज़र आने लगता है
तेरी दिशा में चलने की ख़ुशी
अन्य दिशाओं में खोजने पर भी नहीं मिलेगी
क्योंकि तेरी ही बतायी राह पर पायी मैंने
बुद्ध की करुणा, प्रेम, दया और शान्ति।
मैं जब युद्ध की घोषणा करता हूँ
उसके पीछे शान्ति का ही विचार होता है
मुझे जब-जब होता है आत्मक्लेश
उस समय आती रहती है नज़र के सामने
बुद्ध की ही प्रतिमा

मुझे पहले तू मिला बाद में बुद्ध
तुझसे मिलने के बाद समझ में आया कि
तुझसे मिलना ही बुद्ध से मिलना है
और बुद्ध से मिलना यानी
दीन-दलितों पर जीवन के अन्त तक प्रेम करना है।
पर क्या अब हम
अन्यों पर प्रेम करना ही भूल गये हैं?
या फिर मन में करुणा की आर्द्रता ही ख़त्म हो गयी?
क्यों परायी लगने लगी है
प्रेम, दया, क्षमा, शान्ति?
इसीलिए ही हमने सामान्य मतभेदों के कारण
हमारी संघात्मकता ही समाप्त कर
एक राष्ट्र, एक धर्म की बात करने वालों की
राष्ट्रवाद की दिशा में हम कब चलने लगे
यह हम समझ भी नहीं पाये
अब मैं समझ पाया कि
मुझे भी नजदीक का दिखायी नहीं देता
अब मैंने अपनी अस्मिता की नोक
अधिक तीक्ष्ण बना ली है
एकात्मता का अँधेरा
मेरी दहलीज़ तक पहुँचने के बावजूद।

मैं तेरा अनुयायी बनते हुए
तेरे आचरण से यह भी समझ पाया कि
समय की नब्ज़ को पहले समझना कितना ज़रूरी है
कब कैसा समय आयेगा
कौन-सी चाल चलेगा
यह कहा नहीं जा सकता

इन बेभरोसे के दिनों में
हरेक पीढ़ी में
हरेक जाति में
मौका ढूँढ़ने वाले मौक़ापरस्त ही देखने को मिल रहे हैं हर तरफ़
वे जाति के आधार पर ही
करना चाहते हैं सभी जातियों का मुँह काला
और जाति-जाति में बारूदी सुरंगे लगाकर
करते रहते हैं इन्तज़ार
जातियों की अस्मिता का विस्फोट होने का
इसीलिए अपनी अस्मिता का स्वाभिमान
महत्त्वपूर्ण होते हुए भी
जातीय अस्मिता का पालन ना करे कोई भी
बुरा ही होता है जातीय अस्मिता का अतिरेक
वह सबसे पहले दूसरों को करता है आरोपित
और उसके बाद ख़त्म करता है अपने-आपको ही।

तूने तो बुद्ध विचार ही
रखा हमारे हाथों में
जहाँ सभी को माना गया है समान
भेदाभेद की कोई धुँधली रेखा भी
वहाँ दिखायी नहीं दी
पर बुद्धिभेद करने के
नये-नये नुस्ख़े ढूँढ़े जा रहे हैं
अब चहुँ ओर बुद्ध के नाम पर
बुद्ध की ही चमत्कारपूर्ण बातें खपाने की
कई सम्भावनाएँ बढ़ गयी हैं
धर्म के नाम पर
सत्ता पर आसीन व्यवस्था की ओर से

और बहुत बड़ी तादात में उनके ही अनुयायी
बनने के ख़तरे की सम्भावना दिखायी दे रही है।
बुद्ध ने चमत्कार को नकारा था
तूने तो बुद्ध धम्म पर लगी चमत्कारों की परतों को
तेरे वैज्ञानिक विश्लेषणों से दूर किया
और अब तो हम
चमत्कारों की कथाएँ सुनाते हुए
सत्तारूढ़ लोगों की हाँ में हाँ मिलाते हुए
मान रहे हैं धन्यता।

बुद्ध ने कहा–
मोह से दूर रहें
तूने कहा–
एक विचार से संगठित हो
परन्तु समय ऐसा आ गया है कि
तूने जो लोकतन्त्र प्रदान किया था
उस पर वक्रदृष्टि रखते हुए जाति और धर्म के ठेकेदार
अपने मनमाने धर्मग्रन्थ को ही
मानने लगे हैं संविधान
वे पंक्ति भेद मानने वाले हैं फिर भी
अब हमें उनकी पंगत में बैठना
गौरवपूर्ण महसूस होने लगा है
जिनको नहीं था अपनी लाज ढँकने को कपड़े का टुकड़ा भी
उन्हें भी तूने दिया स्वाभिमान का वस्त्र
और अब हम उसी जाति के वस्त्र पहनकर
अपनी महान परम्परा का दम्भ भरने वालों की झुण्डों में
शामिल होने लगे हैं
ऐसा कभी न सोचा, न लगा कि

सत्ता की भागीदारी करने की ख़ातिर
इतने जल्दी हमारी मति भी मारी जायेगी

तूने कहा था–
सत्ता की आस तो लगी रहे
परन्तु स्वतन्त्र विचारधारा
और
पूँजीवादी हित सम्बन्ध
झकझोर दें हम
लेकिन आज कहीं हम पूँजीवादी राजनीतिक व्यवस्था के
ग़ुलाम तो नहीं हो रहे हैं?
हमने अपना मन-मस्तिष्क कमज़ोर कर
अपने आपको पुनः दीन-हीन असहाय तो नहीं बनाया?
तूने कहा–
हम कल्चरली करेक्ट रहें।
और हम कहते हैं–
रोज़मर्रा की इस दुनिया में
यह 'आब' नहीं चलेगी
पर उनका रोज़मर्रा का व्यवहार भी
धार्मिक वादों-उन्मादों से भरा-पूरा
जो ले जाता है, एक जाति और एक धर्म की ओर
पर तूने ही इस भूमि में
समता, स्वतन्त्रता और लोकतन्त्र का बीज बोया।
अब हम बहुजन नहीं तो
केवल वादी और विवादी बनकर रह गये हैं

परन्तु तेरी यह नीले आकाश में फैली नीली आभा
इतनी विशाल और उदार है कि

तेरे विचारों को सच में बदलने की ख़ातिर
बार-बार तेरी ओर आकर्षित हो भरने लगते हैं छलाँग।
अब एक ही प्रार्थना है
मेरे ख़ून में
किसी भी जाति की एक बूँद भी कभी ना मिले
मानवता का निर्झर निरन्तर ऐसा ही बहते रहे
मुझे नहीं था कभी किसी धर्म का आकर्षण
फिर भी मानव-मात्र से प्रेम ही
सबसे बड़ा धर्म है
इस धर्म की आस ही
दिन-दूगनी रात चौगूनी बढ़ती रहे
गाँव-गाड़े में बिखरा-बिसरा यह गाँव
एक समूह बनकर जब बोलने लगता है
अपनी सामूहिक एक आवाज़ में तो
उसकी तख़्ती पर जाति का एक अक्षर भी कहीं न दिखायी दें
जो शहर भीग जाता है श्रमिकों के पसीने से
जहाँ सभी धर्मों के अन्नछत्र हों एक
सनातन धर्म के ठेकेदारों के मुँह हो जाये बन्द हमेशा के लिए
जहाँ क्रूरता और हिंसा के ही
पढ़ाये जाते हों पाठ
वहाँ भी समता की
ममता फूट पड़े
और बहती रहें मानव-मात्र के
कल्याण में अविरत।

समीक्षा

व्यवस्था परिवर्तन की रचनात्मक सोच को बयाँ करती कविता

सन् 2022 के अगस्त महीने का समय। आज़ादी का अमृत महोत्सव पूरे देश में बड़े उत्साह के साथ मनाया जा रहा था। देश के प्रधानमन्त्री ने 'हर घर तिरंगा' का विशेष नारा दिया था। उनका सपना पूरे देश को तिरंगामयी बनाने का था। जिससे देश की सारी समस्या चुटकियों में सुलझ जायेगी। लेकिन इसी दौरान राजस्थान में जालौर ज़िले के सुराना गाँव के एक स्कूल में एक घटना घटी। अछूत समुदाय की तीसरी कक्षा का नौ वर्षीय इन्द्रकुमार मेघवाल प्यासा है और स्कूल में शिक्षकों के लिए रखे गये मटके का पानी पीता है। उसके इस कार्य से 'पानी को छुआ' इस बात से ग़ुस्सा हुए उच्च जाति के उसके शिक्षक ने इन्द्रकुमार को बेरहमी से पीटा। नतीजा यह होता है कि जिस नन्ही-सी मासूम आत्मा को छुआछूत का मतलब तक नहीं पता उसे इलाज के दौरान अस्पताल में ही अपनी जान गँवानी पड़ती है। जिससे छात्रों के युवा, संवेदनशील मन को पुराने रीति-रिवाज़ों, परम्पराओं के चंगुल से मुक्त करने और उनके जीवन को मानवता की ओर ले जाने की उम्मीद होती है; वे गुरु ही जातिवादी मानसिकता से इन्द्रकुमार का जीवन समाप्त करते हैं। आज़ादी के पचहत्तर साल में भी डॉ. भारतरत्न बाबासाहब आम्बेडकर के विचार; यह एक ऐसी बात है जो किसी भी संवेदनशील व्यक्ति को भीतर तक सोचने पर मजबूर कर देती है, दिमाग़ को बौखला कर देने वाली और स्वतन्त्रता के सन्दर्भ में पुनर्विचार करने की ओर इंगित करने वाली, इस देश को अभी भी पानी के अधिकारों के लिए मीठे पानी के तालाब के सत्याग्रह की कितनी आवश्यकता है, इस बात की ओर ध्यान आकर्षित करने वाली यह घटना है।

कोल्हापुर रियासत में अछूत समाज के एक व्यक्ति गंगाराम कांबले को लगभग सौ साल पहले एक सार्वजनिक कुएँ से पानी पीने के कारण सवर्णों की मार झेलनी पड़ी थी। तब राजर्षि शाहू महाराज मज़बूती से उनके पक्ष में खड़े हुए और गंगाराम

के स्वाभिमान को जीवित रखा। इस घटना के तुरन्त बाद, उन्होंने कहा कि 'रियासत में कुएँ और जलाशय सभी जातिधर्म के नागरिकों के लिए खुले रहेंगे'। इस तरह का एक अत्यावश्यक आदेश ज़ारी किया गया था और इसे उतनी ही तत्परता से लागू भी किया गया था। राजकोष से पैसे खर्च करके उन्होंने गंगाराम को एक महत्त्वपूर्ण स्थान पर सत्यसुधारक होटल शुरू करके दिया और महाराज ख़ुद अपने लोगों के साथ चाय पीने के लिए नियमित रूप से वहाँ जाते थे। जाति अन्त की ओर शाहू महाराज द्वारा उठाया गया रचनात्मक और क्रान्तिकारी क़दम उठाने का साहस आज के शासकों में नहीं है। उनमें वह इच्छाशक्ति नहीं दिखती और इसलिए आज भी हमें सर्वत्र गंगाराम और इन्द्रकुमार ही दिखायी देते हैं, जो व्यवस्था के शिकार हैं। गंगाराम से इन्द्रकुमार तक हमारे तथाकथित आधुनिक युग की अमानवीय सामाजिक यात्रा है और इस दिशा में परिवर्तन वर्तमान की आवश्यकता है। कोई भी गम्भीर लेखक जो समाज के मुद्दों को करीब से देखता है वह अपने आसपास के मुद्दों को अपने लेखन के केन्द्र में लाता है। बाबासाहब के मीठे पानी के तालाब आन्दोलन के बाद भी भास्कर चन्दनशिव की 'पानी' कहानी गाँव में हुए दलित-सवर्ण संघर्ष को कई साल बाद दर्शाती है। इस कहानी के पश्चात बहुत समय बीत जाने के बाद भी, हम स्वतन्त्रता के अमृत उत्सव में पानी के अधिकार के लिए ख़ुद का बलिदान करने वाले इन्द्रकुमार को देखते हैं। इस वर्तमान सामाजिक पृष्ठभूमि में डॉ. आम्बेडकर के विचार और कार्यों का बोध कराने वाली लम्बी कविता है—'युगानुयुगे तूच'।

मराठी भाषा में लम्बी कविता की परम्परा बहुत पुरानी है। आधुनिक समय में भी मराठी में कुछ महत्त्वपूर्ण लम्बी कविताएँ लिखी गयी हैं। इस परम्परा में अब अजय कांडर के नाम को प्राथमिकता दी जानी चाहिए। अजय कांडर मराठी के गम्भीर स्वभाव के कवि हैं। दो कविता संग्रह 'आवानओल' (2005) और 'हत्ती इलो' (2012) प्रकाशित हो चुके हैं। इन दो कविता संग्रह के बाद दिसम्बर 2019 को बाबासाहब के महापरिनिर्वाण दिन के अवसर पर उनका 'युगानुयुगे तूच' डॉ. बाबासाहब आम्बेडकर के विचार और कार्यों की समकालीन प्रस्तुति का विवरण देने वाली कविताओं का तीसरा संग्रह प्रकाशित किया गया है। इसका प्रकाशन 'लोकवाङ्मय गृह, मुम्बई' ने किया है। संग्रह के निर्माण के पीछे की भूमिका का विवरण देते हुए कवि का एक लेख महाराष्ट्र टाइम्स के 'संवाद' परिशिष्ट में प्रकाशित हुआ था, उसके बाद पहले संस्करण की सारी प्रतियाँ तुरन्त बिक गयीं। इसके बाद लोकवाङ्मय गृह को संग्रह के दूसरे संस्करण को केवल एक दिन के अन्तराल में प्रकाशित करने का निर्णय लेना पड़ा। इस पुस्तक की महत्ता और विशिष्टता इस बात से उजागर होती है कि प्रसिद्ध कवियों के काव्य-संग्रहों के प्रथम संस्करण भी वर्षों

तक नहीं बिके, पठन-पाठन के इस अवसाद काल में प्रकाशन पूर्व में काव्य-संग्रहों का पूरा संस्करण हाथों-हाथ बिक गया। इससे पुस्तक का महत्त्व विशेष सामने आता है। इस संग्रह के अब तक तीन संस्करण प्रकाशित हो चुके हैं। अक्टूबर 2022 में, कवि कांडर का महात्मा गांधी के जीवन और विचारों पर आधारित कविताओं का एक और लम्बा संग्रह, 'अजून ही जिवन्त आहे गांधी', हाल में प्रकाशित हुआ है। महात्मा गांधी और डॉ. बाबासाहब आम्बेडकर एक महान व्यक्ति थे, जो भारतीय राजनीति के आधार स्तम्भ थे। दोनों ने भारत के सामाजिक और राजनीतिक जीवन को एक निर्णायक मोड़ दिया है। गांधी-आम्बेडकर विचारधाराओं के तालमेल का सपना देखने वाले पर एक कविता लिखने की इच्छा कवि द्वारा भारतीय समाज में आन्दोलन के लिए सुझाई गयी भविष्यगत दिशा है।

डॉ. बाबासाहब आम्बेडकर का व्यक्तित्व बहुआयामी था। सामाजिक असमानता के ख़िलाफ़ उनका अग्रणी कार्य वैश्विक स्तर पर भी एक मील का पत्थर स्थापित करने के लिए पर्याप्त है। वह बौद्धिक मोर्चों और सड़क संघर्षों में समान रूप से सबसे आगे थे। विचार के प्रति उनकी भक्ति अवर्णनीय थी। बाबासाहब समय से बहुत आगे की सोच रहे थे। उनका व्यक्तित्व अनेक लेखकों, कवियों, बुद्धिजीवियों और कलाकारों के लिए रुचि, गर्व और प्रेरणा का विषय था। वैचारिक साहित्य और शोध के क्षेत्र में उनके बारे में बहुत कुछ लिखा गया है। रचनात्मक लेखन के क्षेत्र में भी विभिन्न साहित्यिक विधाओं में उनके बारे में कुछ ही किन्तु अत्यन्त महत्त्वपूर्ण रचनाएँ प्रतीत होती हैं। आम्बेडकरी साहित्य की रचना के मूल में उनके वैचारिक लेखन की प्रबल प्रेरणा है। यदि आप किसी कविता को एक साहित्यिक विधा के रूप में भी देखना चाहते हैं, तो डॉ. आम्बेडकर को केन्द्र में रखकर तुलनात्मक रूप से बड़ी संख्या में कविता लिखी गयी हैं। नामदेव ढसाल और यशवन्त मनोहर ने उन पर लम्बी-लम्बी कविताएँ लिखी हैं। इसी परम्परा से अजय कांडर के कविता संग्रह 'युगानुयुगे तूच' को जोड़ा गया है। इस संग्रह को लिखने के पीछे केवल बाबासाहब की जीवनी बताने का उद्देश्य नहीं है। उनके कार्य की अद्वितीयता का वर्णन करना, उनके कार्य की प्रेरणा और दर्शन की प्रकृति को समझना और बाबासाहब की विचार प्रक्रिया के प्रतिनिधित्व को विस्तृत करना, यही इस कविता संग्रह को लिखने के मूल में कवि की मंशा है। लेकिन किसी भी महापुरुष के दर्शन को कविता में पिरोना बड़ा मुश्किल काम होता है। मानवता, इतिहास और दर्शन को ख़त्म कर रहे इस उलझे हुए युग में तो और भी मुश्किल है। लेकिन अजय कांडर ने इसे बख़ूबी निभाया है। इसके पीछे उनकी मज़बूत लेखन भूमिका है। 'लेखन यह व्यवस्था में किया गया

हस्तक्षेप है।' इस कविता में वर्तमान के दूषित होने पर कुछ आपत्तियाँ व्यक्त करता है और उसके सुधार की कामना करता है। डॉ. बाबासाहब आम्बेडकर के विचारों को वास्तविक क्रिया में लाना ही आज के सामाजिक, राजनीतिक और सांस्कृतिक पतन का ठोस समाधान है, यह कविता के माध्यम से सूचित किया जाता है। उन्होंने इस कविता से बाबासाहब के कई पहलुओं पर प्रकाश डाला है। इस कविता से बाबासाहब को विभिन्न दृष्टिकोणों से समझने की अनेक सम्भावनाएँ खुलती हैं। बाबासाहब शोषितों के लिए लड़ना चाहते थे। वे सदियों से जाति समेत कई तरह की ग़ुलामी में फँसे रहे। धर्म और जाति व्यवस्था ने उन्हें सभी मानवाधिकारों से वंचित कर दिया। लेकिन उन्हें किसी भी तरह की ग़ुलामी की जानकारी नहीं थी और फिर भी बाबासाहब न्याय के ढाँचे के भीतर अपने अधिकारों के लिए लड़ रहे थे। यह एक साथ कई स्तरों पर लड़ी गयी लड़ाई थी। इस लड़ाई के कई पहलू इस कविता के माध्यम से सामने आते हैं और इस कविता से स्पष्ट होता है कि कैसे उनकी लड़ाई जाति से परे मानवता की थी। कविता को पढ़ने के बाद एक समतावादी सामाजिक संरचना के निर्माण के लिए, न्याय के लिए, शोषण के ख़िलाफ़ जमकर संघर्ष करने वाले एक जुझारू मूकनायक की उदात्त छवि पाठक की आँखों के सामने आ जाती है। गद्य जीवनी या जीवनी उपन्यास लेखन से लेखक के लिए मूल नायक की ऐसी छवि को प्रकट करना आसान होता है। कविता जैसे साहित्यिक रूप में यह सन्तुलन बनाये रखना अधिक कठिन है। कवि अजय कांडर अपने आपको सँभालकर बाबासाहब के उतने ही उदात्त और भव्यदिव्य कार्य को न्याय देने में सफल रहे हैं।

इस कविता का आख्यान इतना प्रभावी है कि दर्शन और विचारधारा के मूल तत्त्वों के होते हुए भी यह पठनीय है। सरल और सहज संवाद शैली यह उसकी प्रमुख विशेषता है। इतनी लम्बी होने के बावजूद कविता पढ़ते समय उसकी निरन्तरता में कोई रुकावट नहीं आती। पाठक को लगता है कि यह संवाद ठीक उसके सामने हो रहा है। धाराप्रवाह, संयमितता और प्रवाहमयी भाषा ही इस कविता की महत्त्वपूर्ण विशेषता है।

धीरे-से मन को अपने क़ब्ज़े में कर लेने वाली इस कविता की भाषा कवि और काव्य-नायक के भावनात्मक सम्बन्धों को उजागर करती है। एकमात्र सम्बोधन का कारण ही कवि के बाबासाहब जैसे महान काव्य-नायक के साथ निकटता को दर्शाता है। कवि अपनी अभंगवाणी से विठ्ठल के साथ उसी तरह का सम्बन्ध स्थापित करने का प्रयास करता है, जिसे सन्तों की परम्परा में सन्त कवि यहाँ स्थापित करने का प्रयास करते हैं। सन्तों के काव्य की वेदना यहाँ भी प्रबल रूप से अनुभव की

जाती है। लेकिन यहाँ सन्त काव्य में समर्पण के साथ आने वाला भक्ति अहंकार नहीं है। कवि बाबासाहब के हर विचार और कार्य को बहुत बारीकी से देखता है और सोचता है कि उनका विचार आज के सन्दर्भ में कितना समकालीन है और इसे व्यावहारिक रूप से कैसे लागू किया जा सकता है। एकवचन सम्बोधन इस लेखन को एक प्रकार का भावनात्मक जोश देता है और इस प्रकार पाठक को ऐसा लगता है जैसे वह स्वयं बाबासाहब से सीधे संवाद कर रहा हो।

तुमने अपने भक्त बनने के
सभी विचारों को नकारा है
लेकिन मैं तेरी भक्ति का माधुर्य गाता रहा,
फिर तेरे विचारों की
उँगली पकड़कर चलते पता चला
तुम्हारा ही गुणगान गाने के बजाय
यहाँ की प्रकृति के अनुसार जीना यानी
विचार के बीज से बार-बार जड़ पकड़ने वाले
आप ही हैं।

इस तरह के आत्मनिरीक्षण से शुरुआत करते हुए, कविता शुरू में आत्म-उपचार की भूमिका लेती है और उस प्रकाश में बाबासाहब के व्यक्तित्व के कई पहलुओं की पड़ताल करती है। मुक्तगद्य में होते हुए भी कविता की अपनी एक आन्तरिक लय होती है। साथ ही अपनी एक धीमी गति भी होती है। इस आन्दोलन के दौरान बाबासाहब की सोच के कई पहलू समान रूप से धीरे-धीरे सामने आ रहे हैं। वे जितनी कोमलता से प्रकट होती हैं, कवि और बाबासाहब के बीच उतने ही अधिक भावपूर्ण सम्बन्ध प्रगाढ़ होते जाते हैं। पाठक को आत्मविश्लेषण के लिए विवश करती है। दार्शनिक विषय होते हुए भी इस कविता में कहीं भी भारीपन नहीं है। दलित कविता का अनिवार्य अंग विद्रोह का कोई स्वर नहीं है और न ही इस कविता में कोई आक्रामकता है। बहुत धीरे-धीरे और धैर्यपूर्वक यह संवाद पाठक के मन पर हावी हो जाता है। बाबासाहब के विचारों का आज के सन्दर्भ में सामाजिक, राजनीतिक और सांस्कृतिक जाँच करना इस कविता का उद्‌देश्य है।

इस कविता में कवि द्वारा प्रखर विवेचन-विश्लेषण करने का प्रयास समझ में आता है। इससे पता चलता है कि बाबासाहब दलित-पीड़ितों की मुक्ति के बारे में बहुत पहले से सोच रहे थे। एक लम्बी कविता में पाठक को अन्त तक बाँधे रखना, कविता के सूत्र, आन्तरिक लय और पठनीयता को बनाये रखना एक कठिन काम है।

इन्हीं बातों को कवि क़ांडर ने इस कविता में दिखाया है। संवाद इस कविता की प्रमुख शक्ति है।

इनके अलावा कई कवियों, लेखकों और बुद्धिजीवियों ने भी बाबासाहब की 'दलितों के नेता' के रूप में एक रूढ़िवादी छवि बनायी है। जो बाबासाहब के काम को संकुचित करती हैं। एक ओर गाँव से निकाले गये अछूतों को 'शिक्षित बनो, संगठित हो जाओ और संघर्ष करो' का सन्देश बाबासाहब देते हैं तो दूसरी ओर प्रगति, समता और जाति-विच्छेद का व्यापक मार्ग बताते हैं। उनके साथ सभी जातियों के सर्वहारा वर्ग है। जब कवि उल्लेख करता है कि बाबासाहब के खड़े होने का एक विशाल दर्शन है। कवि यह विश्वास दिलाता है कि बाबासाहब के दिखाये इस मार्ग पर कहीं भी किसी प्रकार के ख़तरे की सम्भावना नहीं है। कवि कहता है कि बाबासाहब के आग्रह से, बहुत-से लोगों का जीवन समृद्ध हुआ है, जो इस मार्ग पर चलता है, वह सभी अहंकारों को त्याग कर केवल मानवता के लिए जिये।

बाबासाहब ने नैतिकता और सच्चाई की ताक़त से जितने भी संघर्ष शुरू किये, उनमें उन्हें सफलता मिली। व्यवस्था के ख़िलाफ़ इन तमाम संघर्षों में वे किसी व्यक्ति या समूह के ख़िलाफ़ नहीं थे; जबकि पीढ़ियों से चली आ रही सामाजिक, आर्थिक और सांस्कृतिक असमानताओं को दूर कर दिया गया है। जन्म के आधार पर जाति व्यवस्था द्वारा अस्वीकार किये गये सभी पुरुषों को सम्मान के साथ जीने की धारा में लाने के लिए वह सर्वशक्तिमान रूप से उनके पक्ष में खड़े थे। कवि ज़ोर देकर कहता है कि उन्होंने जो संघर्ष किया वह सभी प्रकार की बाधाओं को नष्ट करने के लिए एक रचनात्मक संघर्ष था। इस रचनात्मक संघर्ष से, बाबासाहब ने एक महान और रचनात्मक मूल्य प्रणाली विकसित की है। इस मूल्य व्यवस्था के मूल में तथागत गौतम बुद्ध के दर्शन हैं। बुद्ध बाबासाहब की ऊर्जा और शक्ति भी हैं। कवि ज़ोर देकर कहता है कि जब तक दुनिया में प्यास है, तब तक इस दुनिया में बाबासाहब के विचार कालजयी हैं। इस विचार के पीछे उनकी सहज आशा है कि मनुष्य से मनुष्य की तरह व्यवहार किया जाना चाहिए और इसके लिए कवि यह भी कहता है कि अज्ञानता के अन्धकार से ज्ञान की ओर बढ़ते हुए उसने बिना किसी भेद के सभी को विचार का एक नया प्रकाश दिया है, ज्ञान का प्रकाश। हालाँकि विचारों की इस रोशनी में आज हम एक-दूसरे का हाथ थामे भविष्य की ओर चलने में पिछड़ रहे हैं।

सदियों तक व्यवस्था ने उन लोगों को प्यासा रखा। यह कविता विश्लेषण करती है कि कैसे बाबासाहब उन्हें पानी के नये और व्यापक अर्थ को समझने के

लिए कहते हैं और कैसे पानी उनकी शक्ति बन जाता है। पानी आज वैश्विक स्तर पर एक अहम् मुद्दा बन गया है। बाबासाहब ने बहुत पहले पानी के समान वितरण की अवधारणा पर ज़ोर दिया था, जो आज दुनिया भर में चर्चा के केन्द्र में है। वह समय से बहुत आगे की सोच रहा था। अत: कवि विश्वास दिलाता है कि जब तक संसार में प्यास है, तब तक बाबासाहब के विचार जीवित रहेंगे।

इस कविता में कवि स्पष्ट स्वीकार करता है कि वह बाबासाहब से किताबों के माध्यम से मिला था और उन्हीं की वजह से वह जाति चक्र से मुक्त हुआ था। वे स्वीकार करते हैं कि उन्होंने बाबासाहब के लेखन से आस्तिकता को ख़ारिज करने वाले विचारों की गहराई को पाया और बाबासाहब के कारण ही आत्म-सम्मान के साथ-साथ व्यक्तिगत स्वतन्त्रता के मूल्य को समझा। फिर भी, वे बाबासाहब को देवता नहीं मानते। देवताकरण महान चरित्र को पराजित करता है और अक्सर उन महानायकों के स्वयंभू अनुयायी इस तरह के देवताकरण में सबसे आगे होते हैं। इसमें उनका स्वार्थ छिपा है। एक बार देवता घोषित कर दिये जाने के बाद, व्यक्ति अब वैचारिक प्रतिबद्धता से विवश नहीं होता है और सुविधा के अनुसार महानायक का उपयोग करने के लिए स्वतन्त्र होता है। एक सच्चा अनुयायी उन महापुरुषों के विचारों का अनुसरण करता है और हर क़ीमत पर उनके जैसा व्यवहार करता है। इस कविता में कवि बाबासाहब को एक ऐसे इन्सान के रूप में स्वीकार करने की इच्छा दिखाता है, जो दूसरों से बहुत अलग सोचता और काम करता है और अपनी स्थिति पर अडिग रहता है। उस अन्तर्दृष्टि के साथ, वह प्रवाहित होने वाली ज़िम्मेदारियों के बारे में जागरूकता भी प्रकट करता है।

इस कविता का एक बड़ा हिस्सा नारी के विचारों से भरा हुआ है। बाबासाहब के मन में महिलाओं के प्रति अपार करुणा थी। उस करुणा का एक अंश इस कविता में भी मिलता है और इसीलिए कवि *मुझे मिल जाये स्त्री का हृदय* ऐसी प्रार्थना करता है। उसका कहना है कि उसे बाबासाहब के विचार अपनी अनपढ़ लेकिन अनुभवी दादी से विरासत में मिले, जिन्होंने स्त्री के सम्मान के लिए लड़ाई लड़ी। इस कविता में जातिवाद को सीधे चुनौती देने वाली और गाँव की सामूहिक चेतना को संजोये रखने वाली बूढ़ी दादी से मुलाक़ात तब होती है, जब बड़े पैमाने पर जातिवाद का चलन होता है।

वह एक नयी क्रान्तिकारी सोच बताती है जो सीधे तौर पर बाबासाहब से सम्बन्धित है और जाति पदानुक्रम को सीधे झटका देती है कि 'महापुरुष जो महिलाओं को

स्वतन्त्रता देने का प्रयास करते हैं, उन्हें सही समाज से सम्बन्धित माना जाना चाहिए।' गाँव की नयी पीढ़ी के लिए यह विचार बहुत ज़रूरी है। इस कविता में दलित-सवर्ण सम्बन्धों का मराठी साहित्य में एक दुर्लभ दृश्य देखने को मिला। बाबासाहब का समय-समय पर घोर संघर्ष रहा; उनसे उनकी कभी दुश्मनी नहीं रही। कविता इस तथ्य की ओर इशारा करती है कि वे इस लड़ाई में सर्वहारा वर्ग के पक्ष में थे, जिसने लोगों के बीच वैचारिक मतभेदों के बावजूद अलगाव की दीवारों को नष्ट कर दिया। इस कविता से पता चलता है कि कैसे महिलाएं यहाँ की परम्परा से बँधी हैं। इस कविता में, हम बाबासाहब से मिलते हैं, एक बड़े दिल वाले मातृ-हृदय व्यक्ति जो नारी-विरोधी धार्मिक परम्पराओं की खुदाई करते हैं, उनके साथ अच्छा व्यवहार करते हैं, महिलाओं के जीवन में क्रान्ति लाते हैं।

आज लोग धर्म की आड़ में जातिगत भेदभाव की वकालत करने वालों और अपने निजी हितों की रक्षा करने वालों की क़तार में शामिल होकर गौरवान्वित महसूस करते हैं। बौद्धिक भेदभाव के नये भेष खोजे जा रहे हैं। यह कविता इस ख़तरे को व्यक्त करती है कि भविष्य में धर्म के एजेंडे को लागू कर सत्ता में आये लोग केवल धर्मग्रन्थों को ही संविधान का दर्ज़ा देंगे। इसलिए यह आशंका भी व्यक्त की गयी है कि भविष्य में यहाँ का लोकतन्त्र पूरी तरह से नष्ट हो जायेगा। लोगों का शोषण, 'लोगों के लिए धर्म या धर्म के लिए मनुष्य?' यही मूल प्रश्न कवि उठाता है। यह कविता इस वास्तविकता की ओर इशारा करती है कि यदि जाति और धर्म के कारण होने वाले पतन को रोकना है तो इस देश को शाहू-फुले-आम्बेडकर की समतावादी सोच की अधिक आवश्यकता है।

यह कविता बाबासाहब के व्यक्तित्व के कई पहलुओं का व्यापक दृष्टिकोण प्रस्तुत करती है। अस्पृश्यों का मुक्तिदाता, शोषितों के मन में स्वाभिमान जगाने वाले, लोगों को प्यार करना सिखाने वाले, पानी के समान वितरण के क्रान्तिकारी विचार को लागू करने वाले, सबको साथ लेकर चलने वाला, मन को शुद्ध रखने का सन्देश देने वाले, धरती पर सबके हाथों में विचार की नयी रोशनी देने वाले, ग़ुलामों को ग़ुलामी की याद दिलाने वाले, अन्याय के शिकार लोगों के दिलों में इन्सानियत रखने वाले-संघर्ष की ज्वाला को प्रज्वलित करने वाले, पुरुषों की स्वतन्त्रता के लिए, संघर्ष करने वाले, ज्ञान और विचार के महत्त्व को महसूस करने वाले, ईश्वर और भाग्य को अस्वीकार करने वाले, महिलाओं का सम्मान करने वाले, धर्म और परम्परा को ठीक करने वाले, समानता के दर्शन की व्याख्या करने वाले, वैज्ञानिक दृष्टिकोण पिरोने वाले बाबासाहब की बहुआयामी छवि 'युगों के महानायक' की है, जिन्होंने कृषि विकास के लिए एक नये सूत्र की वकालत की, कृषि कुलों को न्याय

दिलाया, कृषि के विभाजन का विरोध किया, जनसंख्या वृद्धि रोकने के लिए परिवार नियोजन के उन्नत उपाय सुझाये, खड़ी हुई पूँजीवादी व्यवस्था के ख़िलाफ़ आवाज़ उठायी। उन्होंने संविधान के माध्यम से इस भूमि में लोकतन्त्र का अर्थ स्थापित किया कविता के माध्यम से यह अधिक-से-अधिक प्रमुख हो जाता है। आज समाज में छवि को विकसित करने और संरक्षित करने की तत्काल आवश्यकता है और यही इन कविताओं के निर्माण का वास्तविक उद्देश्य है।

यहाँ तक कि कविता के अन्त में भी कवि आत्मालोचना की भूमिका रखता है, लगातार अपने परिवेश के साथ ख़ुद की जाँच करता है, ख़ुद से सवाल करता है। लोगों के लिए उसकी चिन्ता इन बातों से झलकती रहती है।

मेरे ख़ून में कभी भी किसी जाति की
एक बूँद नहीं मिलने दी
मानवता का ऐसा बहता हुआ झरना
बहता रहे।
धर्म से मेरा कभी मोह नहीं रहा,
पर प्रेम तो धर्म से आसक्ति की आशा है।
मेरा दिमाग दिन-ब-दिन सौ गुना बढ़ना चाहिए
गांव की ट्रेन जो एक साथ आती है
वह अपनी पीठ पर बिना जाति के एक समूह में बोलने की कोशिश करता है
मजदूरों के पसीने से नहाया हुआ शहर
सभी धर्मों का भोजन है हिंसा और क्रूरता का
वह स्याही भी समानता का पन्ना तोड़ देगी!'

ऐसी व्यापक प्रार्थना से, कविता मानव कल्याण की दिशा, जाति और धर्म के बिना कल के एकीकृत समाज को इंगित करती है।

आज का युग विभिन्न अस्मिताओं, तीव्र उथल-पुथल, अन्तर्धार्मिक और अन्तर्जातीय संघर्षों का है। उनके पारम्परिक विरोधी बाबासाहब जैसे महापुरुष को जाति के ढाँचे में जकड़ने में कामयाब हो रहे हैं। यही उनका छिपा एजेंडा है। समाज के सभी स्तरों में बाबासाहब के विचार पिरोना, ऐसे लोगों की संकीर्ण राजनीति में बाधक बनने वाला है। इसलिए वे लगातार बाबासाहब के सार्वभौमिकीकरण के प्रयासों को विफल करते रहे हैं। अपवाद को छोड़ दें तो ख़ुद को बाबासाहब का अनुयायी कहने वाले भी उनकी राजनीति का शिकार हो रहे हैं। बाबासाहब के विचारों के बजाय

उन्हें एक सुविधाजनक छवि में फँसाने और उसके माध्यम से अपना स्वार्थ साधने की राजनीति की जा रही है। यह समाज में विभाजन पैदा कर राजनीतिक हितों की रक्षा करने की व्यापक साज़िश का हिस्सा है। ऐसे समय में आम आदमी को सावधान रहना चाहिए, यह भाव यह कविता व्यक्त करती है और इसीलिए दिलीप चव्हाण ने इस कविता का उल्लेख 'आपदा काल की चिन्तनशील कविता' इन शब्दों में किया है। एक ओर देश 'एक राष्ट्र, एक धर्म' के अन्ध उग्रवादी राष्ट्रवाद की ओर बढ़ने लगा है। दूसरी ओर दक्षिणपन्थी सत्ता के कार्यक्रमों में जान-बूझकर बाबासाहब की प्रतिमाओं का प्रदर्शन कर 'बाबासाहब हमारे हैं' का भ्रम भी पैदा किया जाता है। फुले-शाहू-आम्बेडकर के नाम पर वोट माँगने वाले और लम्बे समय तक सत्ता भोगने वाले राजनीतिक दल आज भटक गये हैं। ऐसा लगता है कि विचारों द्वारा पकड़ी गयी अन्तिम उँगली को भी उन्होंने कभी का छोड़ा है। देश और विभिन्न राज्यों के स्तर पर बिना किसी वैचारिक आधार के अप्रतिबन्धित राजनीतिक गठबन्धन बन रहे हैं और थोड़े समय में ही टूट भी रहे हैं। वामपन्थी प्रगतिशील आन्दोलनों की जिन आवाज़ों को इस विचारधारा को बल के साथ आगे बढ़ाना चाहिए था, वे आज अत्यन्त मौन हो गयी हैं। हाथों की उँगलियों पर गिना जा सके ऐसा उन आन्दोलनों का अस्तित्व आज दिखायी देता हैं। वे आन्तरिक कलह से ग्रसित हैं। अजय कांडर जैसा कवि, जो कृषि परम्परा से आया है और गाँव में सामूहिक जीवन से वाक़िफ़ है, इन तमाम गिरावटों के दौर में बाबासाहब पर कविता लिखना चाहता है, यह भविष्य के लिए शुभ संकेत है। यह कविता यह विश्वास पैदा करती है कि बाबासाहब के विचार हमें हर परिस्थिति में सही रास्ता दिखायेंगे। व्यवस्था परिवर्तन की रचनात्मक सोच को बयाँ करती यह कविता है। आज के भ्रम और आपसी सन्देह के युग में जब जाति और कट्टरता की ताक़त बढ़ रही है, तब जातियों और धर्मों के बीच सद्भाव बढ़ना चाहिए। एक-दूसरे का साथ लेकर भविष्य में चलना चाहिए। सहयोग के इस मार्ग को मज़बूत और विस्तारित किया जाना चाहिए, दुनिया में किसी भी निर्दोष इन्द्रकुमार को भविष्य में सिर्फ इसलिए अपनी जान नहीं गँवानी पड़े क्योंकि वह दलित है।

सिर्फ़ पानी ही नहीं सम्मान से जीना सबका मुख्य अधिकार है। ऐसी मुखर आवाज़ें विभिन्न जातीय समूहों से आनी चाहिए। उनके बीच सद्भाव पैदा किया जाना चाहिए। इस काव्य संग्रह की सबसे बड़ी सफलता यह है कि यह इस तरह के सामंजस्य की सम्भावना को खोलता है।

—एकनाथ पाटिल

इस्लामपुर (महाराष्ट्र)

कवि परिचय

जन्म : 9 अगस्त, 1970

प्रकाशित पुस्तकें : आवानओल (काव्य संग्रह); हत्ती इलो (लम्बी कविता); युगानुयुगे तूच (2019) (लंबी कविता); अजूनही जिवन्त आहे गांधी (लंबी कविता)

पुरस्कार : जैन फाउंडेशन, जलगाव, महाराष्ट्र फाउंडेशन, अमेरिका; विशाखा काव्य पुरस्कार, यशवंतराव चव्हाण महाराष्ट्र मुक्त विश्वविद्यालय, नाशिक; आरती प्रभु काव्य पुरस्कार–कोकण मराठी साहित्य परिषद; कुसुमाग्रज काव्य पुरस्कार–महाराष्ट्र साहित्य परिषद, पुणे; यशवंतराव चव्हाण स्मृति काव्य पुरस्कार–प्रकाश ढेरे चेरिटेबल ट्रस्ट, पुणे; नारायण सुर्वे काव्य पुरस्कार–मुम्बई एकता कल्चरल अकादमी; लोकसेवा साहित्य गौरव पुरस्कार–जनकल्याण संस्था, पुणे। आदि पुरस्कार समेत अन्य 20 पुरस्कार।

सम्मान : दिल्ली साहित्य अकादेमी की प्रवासवृति (2003); सदस्य, साहित्य अकादमी, दिल्ली; कई मराठी साहित्य सम्मेलनों के अध्यक्ष के रूप में सम्मान; मुम्बई विश्वविद्यालय, मुम्बई, अहिल्यादेवी होलकर विश्वविद्यालय, सोलापुर, सन्त गाडगे बाबा विश्वविद्यालय, अमरावरती, उत्तर महाराष्ट्र विश्वविद्यालय, जलगाव, शिवाजी विश्वविद्यालय, कोल्हापुर आदि विश्वविद्यालयों के पाठ्यक्राम में कविताओं का समावेश; हिन्दी, उर्दू, अंग्रेज़ी, मलयालम, कन्नड़, दक्कनी बोली आदि भाषाओं में कविताओं का अनुवाद; 'आवानओल', 'हत्ती इलो' काव्य संग्रह पर एम.फिल. तथा पीएच.डी. का शोधकार्य सम्पन्न; 'आवानओल', 'हत्ती इलो' एवं 'युगानुयुगे तूच' इन तीनों लम्बी कविताओं का नाट्य रूपान्तरण।

अभंग : आवनओल सदन, कलमठ, गोसावीवाड़ी,
कणकवली–सिन्धुदुर्ग, महाराष्ट्र, पिन कोड–416602
मोबाइल नं.– 9404395155

ई-मेल – ajay.kandar@ gmail.com

अनुवादक परिचय

प्रो. सुधाकर शेंडगे
जन्म : 19 अक्तूबर 1966
प्रोफ़ेसर एवं पूर्व अध्यक्ष, हिन्दी विभाग
डॉ. बाबासाहब आम्बेडकर मराठवाडा विश्वविद्यालय,
औरंगाबाद (महाराष्ट्र) 431004

प्रकाशित पुस्तकें :

'वारकरी सम्प्रदाय और मराठी सन्तों की सामाजिक भूमिका', 'प्रतिनिधि भारतीय कवि', 'प्रतिनिधि भारतीय नाटककार', 'महात्मा कबीर और महात्मा फुले', 'हिन्दी मराठी साहित्य तुलनात्मक विमर्श', 'धूमिल की काव्यकला', 'हिन्दी मराठी का अनूदित साहित्य', 'आधुनिक हिन्दी कविता', 'भाषा विज्ञान तथा हिन्दी भाषा का इतिहास', 'भाषा शिक्षण', 'प्रयोजनमूलक हिन्दी', 'प्रयोगवाद और नयी कविता', 'समकालीन हिन्दी साहित्य', 'बिंहार ते तिहार' (अनुवाद), 'ज्ञानेश्वर एवं मीराबाई की मधुरा भक्ति' (अनुवाद), 'भारतीय समाज' (अनुवाद), 'जनसंख्या शिक्षण' (अनुवाद), 'कार्ल मार्क्स और मॅक्स वेबर' (अनुवाद), विभिन्न पत्र-पत्रिकाओं में आलेख, कहानी, कविता, अनुवाद प्रकाशित।

पुरस्कार :

केन्द्रीय हिन्दी निदेशालय, नयी दिल्ली की ओर से, हिन्दीत्तर भाषी लेखक पुरस्कार, हिन्दी कविता के लिए साहित्यमणि सदानन्द पेठे पुरस्कार, शैक्षिक योगदान के लिए प्रज्ञासूर्य डॉ. आंबेडकर शिक्षक पुरस्कार, रिसर्च लिंक द्वारा शोध निबन्ध के लिए सारस्वत सम्मान

संपर्क सूत्र : 0240 2403296 मो. 09421335509
ईमेल : drsudhakarshendge@gmail.com